KARL-ERNST-WIRTZ

Werbung und Marktleistung

Schriften zum Wirtschaftsrecht

Band 31

Werbung und Marktleistung

Zu einem neuen Anwendungsfeld für kartellrechtliche Wettbewerbsregeln

Von

Dr. Karl-Ernst Wirtz

DUNCKER & HUMBLOT / BERLIN

Gedruckt 1979 bei Buchdruckerei Bruno Luck, Berlin 65
Printed in Germany
ISBN 3 428 04483 5

Vorwort

Dieses Buch soll darauf aufmerksam machen, wie eine informativere und vergleichsfreundlichere Werbung die marktleistungsgesteuerte Erfolgsverteilung im Wettbewerbssystem unterstützen kann. Der Hinweis darauf erscheint nicht zuletzt deshalb angebracht, weil die wettbewerbspolitische Diskussion der letzten Jahre, soweit sie sich auch mit volkswirtschaftlichen Auswirkungen der Absatzwerbung befaßte, nahezu ausschließlich unter dem Blickwinkel des Verbraucherschutzes geführt wurde. Fast scheint darüber in Vergessenheit geraten zu sein, daß unternehmerische Werbung in einer Zeit immer geringer werdender Transparenz der Märkte für die Nachfrager auf die Position der Werbenden nicht nur in der quantitativen Form von Absatzsteigerungen oder -verlusten zurückwirken kann. Auch die branchendurchschnittliche *Qualität* von Werbemaßnahmen beeinflußt die funktionale Wirksamkeit der marktleistungsgekoppelten Einkommenssteuerung und wettbewerblichen Rangverteilung.

Die Hauptthese dieses Buches ist, daß die Position der Marktleistung (Preishöhe, Qualitätsrang, Relation zwischen beiden, Service etc.) im Gefüge der verschiedenen wettbewerblichen Erfolgsregulative durch bestimmte Werbeformen gestärkt oder geschwächt werden kann. Dabei liegt ihr im Einklang mit der administrativ akzeptierten Theorie des funktionsfähigen Wettbewerbs (J. M. Clark, E. Kantzenbach) zugrunde, daß die Marktleistung als Kriterium für Erfolg und Mißerfolg im Markt in einem funktionierenden Wettbewerbssystem eine hervorragende Stellung einzunehmen hat.

Die kartellrechtlichen Wettbewerbsregeln des § 28 Abs. 2 n. F. GWB sind in ihrer speziellen Form sog. Werberegeln oder -abkommen, die von Unternehmen einer Branche vereinbart und angewendet werden können, unter gewissen Voraussetzungen ein taugliches Mittel, die Bedeutung von Marktleistungen zu intensivieren. Für die praktischen Durchsetzungschancen dieses Instrumentariums spielt der Beitrag eine wichtige Rolle, den es zur Erreichung des langfristigen verbraucherpolitischen Ziels einer erhöhten Markttransparenz für die Umworbenen leisten kann. Die offenkundige Zielkonvergenz von institutionellem Wettbewerbsschutz und Konsumentenpolitik gewährleistet sehr wahrscheinlich (Erfahrungen liegen noch nicht vor) eine absatzpolitisch günstige positive Aufnahme einer durch leistungsbezogene Regeln beeinflußten

Werbung, wenn sie für die Werbeerreichten hinreichend erkennbar ist.

Nichtsdestoweniger dürfte die Problematik dieser wie auch aller anderen Arten von Wettbewerbsregeln heute vornehmlich in der noch nicht genügend entwickelten Bereitschaft vieler Unternehmen und Unternehmensverbände zu sehen sein, sie verbindlich zu akzeptieren und anzuwenden. Dafür mag in der Mehrzahl der Fälle die relativ unklare gesetzliche Definition der Eintragungsfähigkeit leistungsbezogener Regeln ausschlaggebend sein. Sie aufzuhellen ist deshalb auch das rechtswissenschaftliche Anliegen dieser Studie.

Ich danke Herrn Prof. Dr. Eckard Rehbinder, Frankfurt a. M., Herrn Dr. Heinz Goerke, Frankfurt a. M., dem Zentralausschuß der Werbewirtschaft e. V. (ZAW), Bonn, und dessen ehemaligem Mitarbeiter, Herrn Dr. Georg Wronka, Bonn, für die zahlreichen Anregungen und Hilfen, die mir von ihnen zuteil wurden.

Frankfurt a. M., im November 1978

K. E. W.

Inhaltsverzeichnis

Abkürzungen

AfP	Archiv für Presserecht
BB	Betriebsberater
BDI	Bundesverband der Deutschen Industrie
BDZV	Bundesverband Deutscher Zeitungsverleger
BGH	Bundesgerichtshof
BKartA	Bundeskartellamt
BMWi	Bundesministerium für Wirtschaft
BT	Bundestag
BVerfG	Bundesverfassungsgericht
DB	Der Betrieb
GK	Gemeinschaftskommentar
GRUR	Gewerblicher Rechtsschutz und Urheberrecht
Int	International
JbNSt	Jahrbücher für Nationalökonomie und Statistik
MA	Der Markenartikel
NJW	Neue Juristische Wochenschrift
PI	Produktinformation
RAL	Ausschuß für Lieferbedingungen und Gütesicherung
TB	Tätigkeitsbericht
Vol	Volume
WBR(n)	Wettbewerbsregel(n)
WRP	Wettbewerb in Recht und Praxis
WuW	Wirtschaft und Wettbewerb
ZAW	Zentralausschuß der Werbewirtschaft
ZfhF	Zeitschrift für betriebswissenschaftliche Forschung und Praxis
ZfbF	Zeitschrift für handelswissenschaftliche Forschung
ZfNök	Zeitschrift für Nationalökonomie
ZGR	Zeitschrift für Unternehmens- und Gesellschaftsrecht
ZRP	Zeitschrift für Rechtspolitik
ZVP	Zeitschrift für Verbraucherpolitik

1. Einleitung: Zur Problemstellung

1.1. Die Grundannahme: Mangelnde volkswirtschaftliche Funktionalität der Werbung

Nicht nur die Höhe[1] der Ausgaben der Unternehmungen in der Bundesrepublik Deutschland für ihre Absatzwerbung bestätigt den hohen Rang innerhalb der Gesamtheit der volkswirtschaftlichen Daten, den diese Form der Absatzförderung einnimmt. Auch die Eigenschaften des Absatzmittels „Werbung", der Grad seines effektiven Einflusses auf den Absatzerfolg, seine Auswirkungen auf die Marktstellung des einzelnen Unternehmens und seine Konkordanz mit den verschiedensten rechtlichen Bestimmungen finden seit jeher das Interesse der rechts- und wirtschaftswissenschaftlichen Disziplinen[2]. Dabei überwog jedoch bislang im großen und ganzen betrachtet die Einzelfallanalyse wirtschaftlich bedeutsamer Eigenschaften der Werbung, sei es aus betriebsökonomischer oder aus gesamtwirtschaftlicher Sicht. Weitgehend vernachlässigt wurde hingegen die kartellrechtliche Würdigung des Wettbewerbsparameters „Werbung", wie auch die Wettbewerbstheorie sich nur unzureichend mit seinen Markteffekten beschäftigt hat[3]. Erst die gegen Mitte der sechziger Jahre erstmals erkennbaren neuen wettbewerbspolitischen Akzente[4] vor dem Hintergrund des Konzepts der Globalsteuerung[5] führten zu einigen Neuansätzen[6].

---

[1] Sie lag 1972 bei ca. 25 Mrd. DM (*Klein-Blenkers / Robl*, Mitteilungen des Instituts für Handelsforschung an der Universität zu Köln 1975, S. 61, 72.

[2] Vgl. nur aus jüngster Zeit die Arbeiten von *Blume* und *Röper* (Werbung für Markenartikel — Auswirkungen auf Markttransparenz und Preise, Göttingen 1976) sowie von *Loewenheim* (Suggestivwerbung, unlauterer Wettbewerb, Wettbewerbsfreiheit und Verbraucherschutz, GRUR 1975, S, 99).

[3] Die letzten Beiträge zu diesem Problemkreis (*Jacob*, Werbung und Wettbewerb: eine theoretische Analyse; *Halbey*, Zur kartellrechtlichen Beurteilung von Werbebeschränkungen nach § 1 GWB) datieren aus 1966 bzw. 1967.

[4] Im wesentlichen handelt es sich um das veröffentlichte Ergebnis der Diskussion über das wettbewerbspolitische Leitbild der „Arbeitsgruppe Wettbewerbspolitik" beim BMWi (abgedruckt bei *Kartte*, Ein neues Leitbild für die Wettbewerbspolitik, S. 93 ff.).

[5] Vgl. zu den Zusammenhängen zwischen der im „Gesetz zur Förderung der Stabilität und des Wachstums der Wirtschaft" vom 8. Juni 1967 manifestierten neuen Wirtschaftspolitik der *Globalsteuerung* und dem GWB *Kartte*, Ein neues Leitbild, S. 36 ff., sowie die dort (S. 37 f.) auszugsweise zitierte Rede des damaligen Bundeswirtschaftsministers *Schiller* vom 11. Jan. 1968; ferner *Schlecht*, MA 1976, S. 465.

[6] Dazu sind neben der Arbeit von *Jacob* (Fn. 3) vor allem *Michaelis*, Wech-

Im Zentrum der allerdings nicht sehr zahlreichen Abhandlungen steht, analog der funktionalen Betrachtung des Wettbewerbs durch die offizielle Wettbewerbspolitik, eine Differenzierung zwischen volkswirtschaftlich erwünschten und negativen Wirkungen der Werbung auf den Zustand der Märkte. Werbeinduzierte Konzentration und Marktintransparenz durch suggestive Werbung, die in den Entscheidungsprozeß der Abnehmer unökonomische Kriterien einfließen läßt, geben dabei wichtige Stichworte ab. Die der Werbung zuteilgewordene wettbewerbstheoretische Beurteilung hat insgesamt ergeben, daß die funktionale Beziehung zwischen Werbung und Wettbewerb nicht immer positiv eingeschätzt wird, sondern teilweise den Zielen der neuen Wettbewerbspolitik ausgesprochen zuwiderläuft[7].

1.2. Das Untersuchungsfeld: Prüfung der Erfolgsaussichten des kartellrechtlichen Instruments der leistungsbezogenen Werberegeln nach § 28 Abs. 2 n. F. GWB

Ein Schlüsselbegriff der Wettbewerbsdiskussion ist seit jeher der des Leistungswettbewerbs[8]. Wurde er zunächst lediglich im Kontext mit dem Schutz des lauteren Wettbewerbs verwendet, bediente man sich seiner im Laufe der Zeit mehr und mehr zur Umschreibung positiver ordnungspolitischer Zielvorstellungen[9]. Der Wettbewerb mit der Leistung in ihren marktmäßigen Erscheinungsformen Preis, Qualität, Service, Lieferbedingungen und dergleichen gilt schlechthin als ideale Form der Konkurrenz und nicht zu zählen sind die Forderungen, diese Art des Wettbewerbs zu sichern und ihr gesetzlich den Vorrang vor leistungsferneren Wettbewerbsformen zu verschaffen[10].

Der Werbung, so wird ausgeführt[11], falle dabei vornehmlich die Aufgabe zu, auf die vorhandenen Leistungen der Werbenden hinzuweisen,

selwirkungen zwischen wirtschaftlicher Konzentration und Konsumgüterwerbung, Diss. Berlin 1970, und *Gieseler*, Konsumgüterwerbung und Marktstruktur, Freiburg (Brsg.) 1971, zu rechnen.

[7] Dazu grundlegend *Jacob*.

[8] Zu diesem Begriff *Ohm*, Definitionen des Leistungswettbewerbs, in: Schriften des Vereins für Socialpolitik N. F., Bd. 18 (1960), S. 239 ff.; *Freitag*, Der Leistungswettbewerb als rechtliche Denkfigur, Diss. iur. Göttingen 1968; *Dörinkel*, Leistungswettbewerb — Rechtsbegriff oder Schlagwort?, DB 1967, S. 1883 ff.

[9] Vgl. *Kunisch*, Eintragungsfähigkeit, rechtliche und wirtschaftliche Bedeutung von Wettbewerbsregeln gemäß §§ 28 ff. GWB, Diss. Darmstadt 1968, S. 30 ff. unter Hinweis auf *Böhm* und *Eucken*.

[10] Beispiele sind die Bemühungen um ein „Gesetz zur Sicherung des Leistungswettbewerbs“ im Vorfeld der Verabschiedung des GWB (dazu *Röper*, Zur Verwirklichung des Leistungswettbewerbs, S. 275 ff.) sowie aus neuerer Zeit die „Gemeinsame Erklärung von Organisationen der gewerblichen Wirtschaft“ vom Okt. 1975 (MA 1975, S. 464 f.).

[11] So zuletzt die *Kommission für wirtschaftlichen und sozialen Wandel* in

damit potentielle Kunden sich rational im Wege des ökonomisch-sachlichen Vergleichs der Vor- und Nachteile der Angebote entscheiden könnten.

In ausgesprochenem Gegensatz dazu stehe die häufige Praxis der emotionalen Stimulierung und des Versuchs, wirtschaftliche Denkweisen ihrer Adressaten durch subtile Strategien der Verdrängung objektiver leistungsbezogener Marktdaten aus den individuellen subjektiven Entscheidungsprozessen unwirksam werden bzw. erst gar nicht entstehen zu lassen[12]. Werbung könne auf diese Weise nicht nur die individuell-ökonomische Entscheidung der Wirtschaftssubjekte, sondern auch die Leistungsbewertung des Wettbewerbs verfälschen. Diese positive Funktion der Auswahl der besten Leistungen durch die Marktgegenseite beruhe auf den leistungsbezogenen, rationalen, kurz: auf den ökonomisch determinierten Wirtschaftsakten der einzelnen Nachfrager. Die wettbewerbliche Steuerungsfunktion der Auswahl der besten angebotenen Leistungen mit ihren vielfältigen Nebeneffekten wie dem Zwang zur Qualitäts- und Preisanpassung und zur Ausschöpfung innovativer Kapazitäten der Unternehmungen könne durch bestimmte Formen der Werbung wesentlich beeinträchtigt werden[13].

Vor diesem Hintergrund stellt sich die Frage nach den Möglichkeiten, mit den vorhandenen gesetzlichen Instrumenten das wettbewerbspolitische Anliegen der Sicherung und Förderung leistungsgerechter Werbung, mehr als bisher geschehen, zu realisieren. Diese Frage drängt sich um so mehr auf, als von der Wirtschaft selbst gerade innerhalb der letzten Jahre Vorstöße unternommen worden sind, entweder selbstdisziplinär oder im Wege des Appells an den Gesetzgeber der Leistungsauslese des Wettbewerbs zu größerer Wirksamkeit zu verhelfen[14].

Hinzu kommt die von der Bundesregierung und allen relevanten politischen Kräften in zunehmendem Maße erkannte Notwendigkeit, die wettbewerblichen Ausgangsbedingungen des unternehmerischen Mittelstandes zu verbessern[15]. Die erweiterten Kooperationsmöglichkeiten für

---

ihrem Gutachten „Wirtschaftlicher und sozialer Wandel in der Bundesrepublik Deutschland“, Göttingen 1977, S. 411 (Förderung der Verbraucherinformation in der Werbung).

[12] Vgl. *Loewenheim,* GRUR 1975, S. 99, insbes. S. 105.

[13] Ähnlich *Loewenheim.*

[14] So zuletzt mit der zitierten (Fn. 10) „Gemeinsamen Erklärung von Organisationen der gewerblichen Wirtschaft“, MA 1975, S. 464, sowie den WBRn des *Markenverbands,* MA 1976, S. 207 (vgl. dazu *Gries,* Hauptgeschäftsführer des Markenverbands, MA 1976, S. 205 ff.). Hierhin gehört auch die Forderung eines gesetzlichen allgemeinen Diskriminierungsverbots innerhalb des „Strukturpolitischen Sofortprogramms“ der *Hauptgemeinschaft des Deutschen Einzelhandels,* vgl. dazu den TB des BKartA für 1975 (BT-Drucks. 7/5390).

[15] Vgl. z. B. die „Grundsätze einer Strukturpolitik für kleine und mittlere Unternehmen“ vom 29. 12. 1970 (BT-Drucks. VI/1666).

kleine und mittlere Unternehmen, die mit der zweiten GWB-Novelle von 1973 geschaffen wurden, bezeugen den dementsprechenden Willen des Gesetzgebers. Insbesondere die in erster Linie mittelstandspolitisch motivierten Kooperationserleichterungen (§§ 5 b, 28, 38 Abs. 2 Nr. 1) erscheinen nur bei Hinzunahme der wettbewerbspolitischen Hypothese verständlich, eine verstärkte Orientierung des Wettbewerbs an der unternehmerischen Leistung versetze (in Verbindung mit Maßnahmen zur Erhaltung bzw. Erlangung ihrer Leistungsfähigkeit) die mittelständischen Unternehmen am ehesten in die Lage, mit Großunternehmen leistungsfähig zu konkurrieren. Die Stärkung der Leistungsfähigkeit solcher Unternehmen berechtigt nur dann zu der Erwartung, damit ihre Existenzaussichten zu verbessern, wenn es auf diese Leistungsfähigkeit im Wettbewerb in der Folge tatsächlich ankommt. Mittelstandsschutz und sein wesentlicher Zweck, die Erhaltung einer hinreichenden *Marktstrukturqualität* im Sinne eines Nebeneinanders großer, mittlerer und kleinerer Anbieter, spielen folglich eine erhebliche Rolle in den zutage liegenden Überlegungen sowohl wichtiger wirtschaftlicher Interessenverbände als auch derjenigen, an die sie sich wenden, sei es der Gesetzgeber oder die Bundesregierung als mögliche Initiatorin neuer Gesetze oder sonstiger wettbewerbspolitischer Maßnahmen.

Das in zweierlei Richtung, von Seiten der Wettbewerbspolitik des Staates und aus Kreisen der Wirtschaft, feststellbare große Interesse an einer Stärkung der Bedeutung des Leistungsprinzips im Wettbewerb hat nun innerhalb der Zweiten Kartellgesetznovelle vom August 1973[16] eine konkrete Ausprägung im GWB erfahren, die auch für den Anteil der Werbung am Wettbewerb Bedeutung gewinnen kann.

Es handelt sich um den in die Definition der Wettbewerbsregeln (WBRn) in § 28 Abs. 2[17] eingefügten komplexen Rechtsbegriff der *Wirksamkeit eines leistungsgerechten Wettbewerbs*. WBRn der neuen Art — zuvor erforderte ihre Registrierung (§ 31) einen Bezug zur Lauterkeit im Wettbewerb — könnten eine bereits existente Möglichkeit darstellen, die eingangs kursorisch geschilderten Bestrebungen zumindest teilweise zu verwirklichen. Mit diesem vorhandenen Instrument des Kartellrechts könnte der Versuch unternommen werden, leistungsbezogener Werbung mehr Raum in der Praxis zu verschaffen und die ökonomische Qualität der Kundenentscheidungen damit auf längere Sicht gesehen zu heben.

Falls dieser Versuch ex ante, nach seinen Rahmenbedingungen zu urteilen, einigen Erfolg versprechen sollte, würden sich weniger marktwirtschaftskonforme Lösungen, wie sie etwa von der *Kommission für wirtschaftlichen und sozialen Wandel*[18] der Bundesregierung vorgeschla-

---

[16] BGBl. I 1973, S. 917.

[17] §§ ohne Gesetzesangabe sind im Folgenden solche des GWB.

gen werden, erübrigen. Einer kartellbehördlich kontrollierten (§ 31) selbstdisziplinären Initiative der Wirtschaft, vertreten durch ihre Branchenverbände, wäre schon deshalb der Vorzug vor neuen Gesetzgebungsakten einzuräumen, weil die gegebenen und erst 1973 erweiterten Instrumente zunächst auf ihre Tauglichkeit untersucht und erprobt werden müssen. Der sofortige Ruf nach staatlicher Reglementierung liefe unter diesen Umständen auf einen prinzipiell zu verurteilenden Gesetzgebungsaktionismus hinaus[19].

Werberegeln zum Zweck leistungsgerechten Wettbewerbs könnten, so die aus dem Vorstehenden folgende Grundannahme, mittels einer positiven Beeinflussung der Feinstruktur der Märkte, nämlich der Masse der einzelnen Nachfrageakte, die wettbewerbliche Funktion der marktleistungsabhängigen Erfolgsverteilung verstärken. Aspekte der Marktstrukturpolitik (Mittelstandsschutz!) im staatlichen und im Eigeninteresse eines großen Teils der Wirtschaft könnten mit verbraucherpolitischen Bemühungen auch jenseits des Schutzes vor unlauterer Werbung verknüpft werden, wenn solche WBRn aufgestellt und durchgesetzt würden. Inwieweit diese günstigen Perspektiven zutreffen oder an ihnen aus Gründen der wirtschaftlichen und rechtlichen Realität Abstriche vorgenommen werden müssen, soll aus vorwiegend juristischer Sicht im Folgenden untersucht werden.

1.3. Der zugrunde gelegte Werbebegriff

Seiner Funktion eines wissenschaftlichen Grundbegriffs entsprechend ist der Begriff der Werbung mehrdeutig[20]. Er muß daher präzisiert werden.

Werbung im Kontext des wirtschaftlichen Wettbewerbs ist naturgemäß ein Ausdruck *unternehmerischer* Aktivität. Sie ist ferner bestimmt durch eine ausschließlich ökonomische Zielsetzung, nämlich durch die Absicht der *Absatzförderung.*

Dieses Ziel teilt die Absatzwerbung mit der sog. *Public Relations* („Werbung um öffentliches Vertrauen“). Beide lassen sich daher unter dem Oberbegriff der Absatzpolitik zusammenfassen[21]. Mit *Behrens*[22] läßt sich die gebotene Differenzierung danach vornehmen, ob die jeweiligen Maßnahmen sich auf die Unternehmensfunktionen in ihrer Gesamtheit beziehen (Public Relations) oder aber auf den engeren Bereich

---

[18] a. a. O. (Fn. 11), S. 412. Vgl. dort das Votum der Kommissionsmehrheit für extrem weitreichende Qualitätsauszeichnungen *aller* (!) Güter aufgrund von Gutachten der Stiftung Warentest.

[19] Ähnlich *Franzen,* WRP 1976, S. 519, 522.

[20] *Behrens,* Absatzwerbung, S. 11.

[21] Vgl. *Anton,* Die Ziele der Werbung, S. 11.

[22] Absatzwerbung, S. 13.

des Absatzes von Gütern oder Dienstleistungen konzentriert werden (Absatzwerbung).

Im Folgenden sollen die verschiedensten heute gebräuchlichen Werbearten impliziert sein, so daß eine weite inhaltliche Definition der als Werbung anzusprechenden unternehmerischen Tätigkeit angemessen erscheint. Als drittes (nach Urheberschaft und Zielsetzung) Abgrenzungskriterium kann die zur Realisierung des genannten Ziels entfaltete *Aktivität* daher in Anlehnung an *Behrens*[23] und *Kroeber-Riel*[24] als „Versuch der zwangfreien Steuerung menschlichen Verhaltens mit Hilfe spezieller Kommunikationsmittel" umschrieben werden.

Mit *Kroeber-Riel* von Verhaltenssteuerung zu sprechen, verdeutlicht den Gegensatz zu der von *Seyffert*[25] vertretenen rationalen Kontrolle oder bewußten Teilnahme an der als Werbung apostrophierten Kommunikation.

Indes ist der willentlich-rationale Empfang einer Werbebotschaft als Kriterium für die Entscheidung darüber, ob es sich um Werbung handelt, aus mehreren Gründen ungeeignet. Die beiden wichtigsten dieser Gründe sind die mangelnde Nachweisbarkeit[26] von bewußter oder unbewußter Aufnahme eines Beeinflussungsversuchs (zumal hierbei Interferenzen nicht selten sein dürften), sowie die heute dominierende Indienstnahme von im Unbewußten angesiedelten Vorgängen mit Hilfe der zu Werbezwecken angewandten Psychologie. Die werbewissenschaftliche Terminologie würde sich insofern vollkommen von jener der Werbepraxis entfernen, wollte sie unternehmerischen Maßnahmen zur Absatzförderung, die solchermaßen psychische Gegebenheiten nutzen, ungeachtet der unbestritten werblichen Absicht, in der sie geschehen, das Prädikat der Werbung verweigern. Sprachgebrauch und terminologische Festlegung würden unerträglich differieren[27].

Eine versuchte *Verhaltenssteuerung* liegt demgegenüber auch dort vor, wo der Zweck der Absatzförderung von den Umworbenen erkannt wird. Gesteuert wird in diesem Fall zwar nicht der Kommunikationsbeginn, wohl aber durch die Formulierung der Werbebotschaft der potentielle Umfang der freiwilligen Nachrichtenaufnahme.

Insgesamt lautet die zugrundegelegte Difinition also: *Werbung sind alle von Unternehmen primär zur Absatzförderung unternommenen Versuche, menschliches Verhalten mit Hilfe spezieller Kommunikationsmittel zu steuern.*

---

[23] Absatzwerbung, S. 14.

[24] Werbung als beeinflussende Kommunikation, S. 138 f.

[25] Werbelehre, Bd. 1, S. 7. Eine interessante Erklärung für die einengende Definition von *Seyffert* versucht *Kroeber-Riel*, Werbung als beeinflussende Kommunikation, S. 138 f.

[26] Ähnlich *Behrens*, Absatzwerbung, S. 12.

[27] Vgl. *Behrens*, Absatzwerbung, S. 11.

2. Die Zweite Kartellgesetznovelle und die WBRn

2.1. Die Gesetzgebungsphase

1968 wurde ein erster Ansatz zur Novellierung von § 28 im Rahmen eines im *BMWi* erstellten Entwurfs einer Zweiten Kartellgesetznovelle bekannt[1]. Zwischen ihm und dem von der *Bundesregierung* schließlich gebilligten Entwurf[2], der in der 6. Wahlperiode an der Frage der Abschaffung der vertikalen Preisbindung für Markenartikel gescheitert war[3], im 7. Deutschen Bundestag aber unverändert von den Fraktionen von SPD und FDP eingebracht wurde[4], bestehen einige bemerkenswerte Unterschiede.

Der Entwurf des *BMWi* sah für § 28 Abs. 2 folgende Fassung vor (Satz 1 blieb unverändert):

„Wettbewerbsregeln dürfen auch zu dem Zweck aufgestellt werden, einem nicht leistungsgerechten Wettbewerb entgegenzuwirken. Soweit der in Satz 1 oder Satz 2 genannte Zweck es rechtfertigt und die Regelung unter Berücksichtigung des Interesses der Allgemeinheit erfolgt, dürfen Wettbewerbsregeln Bestimmungen enthalten, die eine Wettbewerbsbeschränkung im Sinne des § 1 vorsehen. In den Fällen des Satzes 2 ist § 11 Abs. 1 und 2 entsprechend anzuwenden[5]."

Der Gesetz gewordene Entwurf verzichtete durch die Einfügung von *„oder der Wirksamkeit eines leistungsgerechten (Wettbewerbs)"* nicht nur auf eine eigenständige Nennung der auf einen leistungsgerechten Wettbewerb bezogenen WBRn. Gleichzeitig unterblieb auch die ausdrückliche Zulassung wettbewerbsbeschränkender WBRn, obwohl damit die Gelegenheit versäumt wurde, eine lange währende Streitfrage zu entscheiden[6], ebenso wie eine zeitliche Befristung der Eintragung von WBRn im Register für WBRn beim BKartA bzw. (im Fall regional beschränkter Bedeutung der Regeln) bei den Landeskartellbehörden, wie sie die entsprechende Anwendung von § 11 Abs. 1 und 2 zur Folge gehabt hätte.

---

[1] WRP 1968, S. 218.

[2] BT-Drucks. VI/2520.

[3] Vgl. im einzelnen *Jäckering*, Die politischen Auseinandersetzungen um die Novellierung des Gesetzes gegen Wettbewerbsbeschränkungen (GWB), S. 47 ff.

[4] BT-Drucks. 7/76.

[5] WRP 1968, S. 218, 220.

[6] Vgl. etwa *Reimers*, Die Frage der Eintragungsfähigkeit wettbewerbsbeschränkender WBRn in der Verwaltungspraxis des BKartA, Diss. Hamburg 1969.

Aus dem Entwurf des BMWi übernommen wurde dagegen der unbestimmte Rechtsbegriff des *leistungsgerechten Wettbewerbs* anstelle des, wie ausführliche Untersuchungen[7] ergaben, nur unzureichend definierbaren Begriffs „Leistungswettbewerb“, der die Diskussion um die Tragweite von § 28 a. F. seit Bestehen dieser Norm beherrscht hatte.

Die im Gesetzgebungsverfahren veröffentlichten wenigen[8] Hinweise auf die mit der Änderung des § 28 verfolgten Ziele (neben dem einer wichtigen Klarstellung in der Frage des Lauterkeitsbezugs[9]) lassen sich am ehesten der Begründung des Regierungsentwurfs vom 18. Aug. 1971[10] entnehmen. Die Bundesregierung führte dort u. a. aus:

„Die Neufassung soll insbesondere kleinen und mittleren Unternehmen dabei helfen, Wettbewerbspraktiken entgegenzutreten, die dem Gedanken des Leistungswettbewerbs zuwiderlaufen.

Während der Begriff ‚lauterer Wettbewerb‘ in § 28 Abs. 2 auf den Schutz eines den guten Sitten entsprechenden Verhaltens der Unternehmen im Markt zugeschnitten ist, zielt der Begriff ‚leistungsgerechter Wettbewerb‘ im neuen § 28 Abs. 2 auf den Schutz des Wettbewerbs ab, der im Gesetz gegen Wettbewerbsbeschränkungen als wirtschaftspolitisches Ordnungsprinzip verankert ist. Der Ausdruck ‚lauterer Wettbewerb‘ oder ‚unlauterer Wettbewerb‘ ist in erster Linie ein zivilrechtlicher, dem Individualschutz zugeordneter, der Ausdruck ‚leistungsgerechter Wettbewerb‘ ein wirtschaftspolitischer, auf Institutionsschutz gerichteter Begriff. Schutzobjekt des Gesetzes gegen Wettbewerbsbeschränkungen ist ein funktionsfähiger, wirksamer Wettbewerb, der seine volkswirtschaftliche Aufgabe möglichst gut erfüllt. Der Wettbewerb kann seiner Aufgabe, jeweils die beste Leistung zur Geltung zu bringen, aber nur gerecht werden, wenn seine Auslesefunktion nicht dadurch verfälscht wird, daß Unternehmen nicht leistungsgerechte Vorteile und Vorsprünge im Wettbewerb einsetzen ... Tendenziell können in Wettbewerbsregeln alle Verhaltensweisen ausgeschlossen werden, die Entwicklungen begünstigen würden, denen auch § 22 (Bekämpfung des Mißbrauchs von Marktmacht) entgegenwirken will[11].“

Die Unterrichtung des Wirtschaftsausschusses über die Kartellgesetznovelle[12] als letztem vor der Verabschiedung durch den Bundestag datierenden Dokument begründet in ihrem allgemeinen Überblick über den Entwurf der Fraktionen von SPD und FDP die Änderung von § 28 Abs. 2 in ähnlicher Weise. Anliegen des Entwurfs sei es u. a., so stellt der Bericht der Abgeordneten *Dr. Frerichs* und *Dr. Jens* fest, auch die Wettbewerbsbedingungen für kleine und mittlere Unternehmen spürbar zu verbes-

---

7 Wohl am wichtigsten *Ohm*, S. 260, und *Freitag*, S. 125 u.

8 *Schmiedel* in WuW 1975, S. 743, 745, spricht von einem „nur sehr unzulänglich dokumentierten Gesetzgebungsverfahren im Hinblick auf die Konzeption der Änderung des § 28 Abs. 2“.

9 Dazu sogleich unter 2.2.1.

10 BT-Drucks. VI/2520.

11 BT-Drucks. VI/2520, S. 34 f.

12 BT-Drucks. 7/765.

sern, „um diese Unternehmen in den Stand zu setzen, im Wettbewerb gegenüber marktmächtigen Wettbewerbern zu überleben“[13].

Zu § 28 wird lediglich vermerkt, der Ausschuß sei einstimmig der Auffassung gewesen, „daß durch die Neufassung des § 28 Abs. 2 Wettbewerbspraktiken, die dem Gedanken des Leistungswettbewerbs zuwiderlaufen, besser entgegengetreten werden kann“[14], eine Bewertung, die inhaltlich eine reine Wiederholung der Begründung des ersten Entwurfs der Bundesregierung darstellt[15].

2.2. Vorgeschichte

2.2.1. Der Vordergrund: Beseitigung von Auslegungsunklarheiten der alten Fassung

§ 28 Abs. 2 n. F. ist nur in Verbindung mit den besonderen Auslegungsproblemen verständlich, die die alte Fassung in ihrer zweiten Variante aufwarf.

Nach einer verbreiteten Ansicht im Schrifttum[16] zu § 28 a. F., die sich die Bundesregierung zu eigen machte[17] und der zunächst auch das BKartA[18] folgte, sollte diese zweite Variante als Zulassung von im Sinne des § 1 UWG und der einschlägigen Nebengesetze nicht lauterkeitsbezogenen sog. Leistungsförderungsregeln auszulegen sein. Diese Interpretation, die sich auf einen Bericht des Wirtschaftspolitischen Ausschusses aus dem Jahr 1953[19] stützte, erfuhr jedoch erheblichen Widerstand aus der Literatur[20] und verlor schließlich ihre praktische Bedeutung durch die Entscheidung des BGH vom 15. Juli 1966 (Bauindustrie)[21], der die Zulässigkeit rein struktur-politischer, nicht lauterkeitsbezogener WBRn verneinte.

Die Bundesregierung kündigte daraufhin in ihrer Stellungnahme zum TB des BKartA für 1967[22] an, sie werde bei einer Novellierung des GWB “... vorschlagen, die §§ 28 ff. GWB klarer zu fassen“. Folgerichtig führte sie in der Begründung des Entwurfs der Zweiten Kartellgesetz-

[13] BT-Drucks. 7/765, S. 2.

[14] BT-Drucks. 7/765, S. 10.

[15] Vgl. BT-Drucks. VI/2520, S. 34 r. Sp., 2. Abs.

[16] *Lieberknecht*, Regeln zur Förderung des Leistungswettbewerbs als WBRn im Sinne des § 28 Abs. 2 GWB, S. 84; *Sack*, Die WBRn nach §§ 28 ff. GWB und das Recht des unlauteren Wettbewerbs, Diss. Tübingen 1969, S. 88 f.

[17] Stellungnahme der Bundesregierung zum TB des BKartA für 1967 (BT-Drucks. V/2841), S. 3.

[18] BKartA, TB für 1965 (BT-Drucks. V/530), S. 14; vgl. auch die Übersicht bei *Franzen*, GK § 28 Rdnr. 6 b.

[19] BT-Drucks. II/3644, S. 30.

[20] Statt aller *Wolf*, Wettbewerbsregeln, S. 74 ff.

[21] BGHZ 46, 168 (183) = GRUR 1967, S. 43 = WuW/E BGH 767.

[22] BT-Drucks. V/2841, S, 3.

novelle vom 18. Aug. 1971[23] aus, „Durch die Einführung eines neuen unbestimmten Rechtsbegriffs (‚leistungsgerechter Wettbewerb') in § 28 Abs. 2" werde „nunmehr klargestellt, daß Wettbewerbsregeln auch zum Schutz des leistungsgerechten Wettbewerbs aufgestellt werden können"[24]. Damit schlug sich die am ausgeprägtesten von *Lieberknecht*[25] vertretene Auffassung von der *Zweitfunktion* des § 28 Abs. 2 und der WBRn nieder; ein lang andauernder Streit wurde definitiv beendet.

Die unterlegene Ansicht ist folglich nur noch historisch interessant und kann deshalb hier weitgehend vernachlässigt werden, während sich das Erkenntnisinteresse auf die für § 28 n. F. maßgebliche und von der Bundesregierung durchgesetzte Meinung konzentrieren muß.

2.2.2. Der Hintergrund: Wettbewerbspolitische Neuorientierung im BMWi

Die Ergänzung des § 28 Abs. 2 ist Teilstück einer Entwicklung der in Gesetzen realisierten Wettbewerbspolitik zugunsten vermehrter Kooperationsmöglichkeiten der Unternehmen und zu Lasten des Kartellverbots in § 1. Strukturpolitische Zielsetzungen, vor allem als Angebot an den wirtschaftlichen Mittelstand gedacht, selbst einen Beitrag zur Sicherung seiner längerfristigen Existenz zu leisten, sind in den Materialien zumindest angedeutet, wenn auch nicht in der wünschenswerten Ausführlichkeit beschrieben worden[26].

WBRn mit dieser im Kern *dekonzentrativen* Aufgabenstellung bedeuten für interessierte Unternehmen nicht weniger als ein Mittel, „die Festlegung einer existenzerhaltenden ‚Marktordnung' anzustreben" (*Ludwig Raiser*[27]). Was mit ihnen beabsichtigt werden kann und nach Ansicht des Gesetzgebers auch in die Tat umgesetzt werden soll, ist eine partielle Korrektur der Wettbewerbsrealität, daß der relativ ungehemmten Dynamik des Wettbewerbssystems dessen systemerhaltende Bedingungen kontinuierlich zum Opfer fallen. Der Faktor der *Rivalität* im Wettbewerb führt notwendig, systemimmanent, dazu, daß der äußerste Mißerfolg eines Konkurrenten in seiner Verdrängung vom Markt, in seinem Ausscheiden aus diesem Prozeß besteht. Eine fortgesetzte Konzentration ist bei steigenden Anforderungen an beteiligungswillige newcomer die Folge. Minder komplexe Marktstrukturen zwingen die verbliebenen Wettbewerber nicht mehr, wie zuvor, einer Vielzahl mög-

---

[23] BT-Drucks. VI/2520.

[24] BT-Drucks. VI/2520, S. 34.

[25] BT-Drucks. VI/2520, S. 84.

[26] Vgl. die Begründung des Regierungsentwurfs der Zweiten Kartellgesetznovelle (BT-Drucks. VI/2520), S. 35.

[27] Antinomien im Recht der Wettbewerbsbeschränkungen, S. 69.

licher Herausforderungen zu begegnen. Die Intensität des Wettbewerbs geht nach und nach zurück.

Die Basisannahme der (neo-) liberalen Theorie, der Wettbewerb selbst vermöge seine Strukturen hinreichend zu restabilisieren[28], wird von der „neuen Wettbewerbspolitik“[29] nicht mehr uneingeschränkt akzeptiert. Sie geht vielmehr grundsätzlich von der Zulässigkeit wettbewerbspolitischer (indirekter) Interventionen aus, um die von ihr als unerwünscht erkannten Marktstrukturveränderungen aufzuhalten[30]. Fraglich ist für sie vornehmlich die Wahl der dabei einzusetzenden rechtlichen Mittel, deren generelle Eignung und vor allem ihre Effizienz.

Die dem Entwurf zeitlich vorangehenden Äußerungen der Bundesregierung[31] lassen erkennen, daß WBRn ein leistungsgerechteres Wettbewerbsverhalten von Unternehmen bewirken sollen, um die jedem kompetitiven System, so auch dem wirtschaftlichen Wettbewerb, inhärente selbstzerstörerische Tendenz zu mildern. WBRn dieses Typs sind gedacht als Instrumente der Systemstabilisierung, als, in den Worten *L. Raisers*[32], „Korrektur des strengen Wettbewerbsprinzips durch ein strukturpolitisches Erhaltungsprinzip“.

Den Ansatzpunkt für diese u. a. mit der Ergänzung von § 28 Abs. 2 verfolgte unternehmensgrößenbezogene Strukturpolitik bildet allerdings nicht der Grund des *Ausscheidens* vor allem vieler mittelständischer Unternehmen, ihr wie auch immer bedingter Mißerfolg im Wettbewerb.

---

[28] Vgl. insbesondere *F. A. v. Hayek*, Der Wettbewerb als Entdeckungsverfahren, S. 249, 254 („spontane Marktordnung“), und dazu *Udo Müller*, Wettbewerb, Unternehmenskonzentration und Innovation, S. 56.

[29] Der Begriff „*Neue Wettbewerbspolitik*“ wurde von *Hoppmann* („‚Neue Wettbewerbspolitik‘: Vom Wettbewerb zur staatlichen Mikrosteuerung“, in: JbNSt 184 (1970), S. 397 ff.) geprägt. Gemeint sind im wesentlichen das von der *Arbeitsgruppe Wettbewerbspolitik beim BMWi* in den Jahren 1967 und 1968 erarbeitete wettbewerbspolitische Leitbild (abgedruckt bei *Kartte*, Ein neues Leitbild) und die theoretische Basis dieses Memorandums (zu den Verbindungslinien *Kartte*, Ein neues Leitbild, S. 34 f.), die Habilitationsschrift von *Kantzenbach*, „Die Funktionsfähigkeit des Wettbewerbs“, 2. Aufl., Göttingen 1967.

[30] Die in diesem Zusammenhang wichtigen Stichworte heißen „Notwendigkeit einer Optimierung der Marktunvollkommenheiten“ und „aktive Wettbewerbsförderungspolitik“, vgl. *Kartte*, Wettbewerbspolitik im Spannungsfeld zwischen Bundeswirtschaftsministerium und Bundeskartellamt, S. 49.

Daß die Frage des Verhältnisses von Wettbewerb und staatlicher Einflußnahme im Grunde gradueller Natur ist, veranschaulicht die bekannte Bemerkung des Ordoliberalen *Müller-Armack* (Wirtschaftslenkung und Marktwirtschaft, S. 94), die Marktwirtschaft sei im Gegensatz zur Auffassung der Klassiker kein Voll-, sondern nur ein Halbautomat, bedürfe also zur Sicherung ihrer Funktionstüchtigkeit der staatlichen Aktivität, insbesondere der „strukturellen Beinflussung“ (*Müller-Armack* a. a. O.).

[31] Vgl. die Stellungnahme der Bundesregierung zum TB des BKartA für 1967 (BT-Drucks. V/2841), S. 3, in der die Bundesregierung die Änderung von § 28 ankündigte.

[32] A. a. O. (Fn. 27), S. 72 f.

Vielmehr wird der Gegenpol der *Erfolgsverteilung* und ihrer Voraussetzungen als der entscheidende Bereich betrachtet, innerhalb dessen eine wirksame Bewahrung der Märkte vor weiterer Oligopolisierung mit Hilfe des ergänzten § 28 Abs. 2 möglich erscheint. Das „Wie" des Erfolgs bei der permanenten Auseinandersetzung der Konkurrenten, kurz, das *Erfolgsbewertungssystem des Wettbewerbs*, wird als maßgeblich angesehen. Der Hinweis in der Begründung des Regierungsentwurfs[33] auf die *Auslesefunktion* des Wettbewerbs läßt dies trotz des zweifelsohne fragmentarischen Charakters[34] dieser Materialien mit hinreichender Sicherheit erkennen. Der eigentliche Schlüsselbegriff in der Erläuterung der neuen Normzwecke ist jedoch ein anderer: Die *Leistung* in ihrer Funktion als Erfolgskriterium, als Grund dafür, daß ein Unternehmen bessere Marktpositionen erringt als andere. WBRn sollen nunmehr das Erfolgsbewertungssystem des Wettbewerbs dadurch optimieren[35], daß *ein* Kriterium für die wettbewerbliche Erfolgsverteilung Priorität vor anderen erlangt: die Marktleistung des einzelnen Unternehmens. Umgekehrt soll die wie auch immer begründete mangelnde Leistung, das geht aus dieser Prioritätensetzung unausgesprochen aber zwingend hervor, vorrangig darüber entscheiden, ob ein Erfolg versagt bleibt und ein Unternehmen infolgedessen in letzter Konsequenz aus dem Wettbewerb ausscheiden muß.

Gegen diese Strategie einer „Globalsteuerung" des Wettbewerbs, deren zeitliche und sachliche Nähe zur *konjunkturpolitischen* Globalsteuerung des sog. Stabilitätsgesetzes einleitend angedeutet worden ist[36], erheben sich unabhängig von der Konkretion von „Leistung" und anderer Begriffe allgemeine Bedenken.

Einen Fixpunkt dieser generellen Kritik bildet die *instrumentelle Einwirkung* auf die Steuerungsfunktion des Wettbewerbs in ihrem Verhältnis zur *freiheitlichen Offenheit* dieses Erfolgsverteilungssystems. Eine Reglementierung des Verteilungssystems, so die Argumentation der Kritiker[37], beseitige in nicht geringem Umfang die große Vorteilhaftigkeit des *ganzen Wettbewerbssystems*, den nichtautoritären Charakter der von ihm gefällten Entscheidungen zugunsten oder zu Lasten der Konkurrenten. Die Praktizierung einer solchermaßen instrumentalen Denkweise mißachte mit anderen Worten zwingend die Antinomie

---

[33] BT-Drucks. VI/2520, S. 34.

[34] Dazu *Schmiedel*, WuW 1975, S. 743, 745 („... nur sehr unzulänglich dokumentiert.").

[35] Ähnlich *Langen / Niederleithinger / Schmidt* § 28 Anm. 11 („... gewisse Korrekturen des Wettbewerbsablaufs im Interesse einer *Optimierung* des Wettbewerbs ...").

[36] Vgl. o. 1.1. bei Fn. 5.

[37] Statt aller *Hoppmann*, JbNSt 184, S. 411 ff.

zwischen exogener Korrektur und endogener Freiheitlichkeit des korrigierten Systems.

Ein anderer Argumentationsschwerpunkt wird gesetzt, wenn die wohl zu Recht auch in der Sicherung der individuellen wirtschaftlichen Betätigungsfreiheit vor der privaten Macht anderer liegende Aufgabe des GWB[38], vornehmlich des darin ausgesprochenen Kartellverbots und verwandter Vorschriften, als gefährdet angesehen wird. Der Freiheitsschutz durch den Wettbewerb geht jedenfalls teilweise verloren, wenn die Freiheit zur wettbewerblichen Aktivität durch eine Ausgrenzung unerwünschter Aktionsparameter eingeschränkt wird[39].

Das letztgenannte Argument setzt voraus, daß *jedwede* Verminderung erlaubter wettbewerblicher Verhaltensweisen eine funktionale Verschlechterung des Wettbewerbs nach sich zieht. Eine solche Zwangsläufigkeit ist aber weder erkennbar, noch ist einzusehen, weshalb eine qualitative Verbesserung des Wettbewerbs nicht wenigstens partiell einen — einmal unterstellten — Funktionsverlust kompensieren sollte. Wettbewerbsfreiheit läßt sich richtigerweise nicht auf ihre quantitative Seite reduzieren. Im übrigen hätte eine *funktionale* Betrachtungsweise des Wettbewerbs, wie sie heute herrschend ist, konsequenterweise zwischen funktionalen und *dys*funktionalen Formen des Wettbewerbsverhaltens zu unterscheiden, also *normativ* vorzugehen. Als Extremposition ist diese Auffassung aufgrund ihrer mangelnden Differenziertheit in sich unschlüssig.

Weitaus gewichtiger ist die erstgenannte Hypothese eines unauflöslichen Widerspruchs, der entsteht, falls die wettbewerbliche Zuweisung von Erfolg und Mißerfolg nicht *ausschließlich* nach Kriterien erfolgt, die der aktuellen Realität des Wettbewerbs entsprechen, die in ihm selbst, unkontrolliert von dritter Seite, entwickelt werden. Befürchtet wird mit anderen Worten ein Konflikt zwischen der Beurteilungskompetenz des Wettbewerbs und der Vorgabe von Bewertungskriterien aus politisch-theoretischen Bereichen. Erwartet wird, daß sich diese Vorgabe von Mindestbedingungen, unter denen ein Erfolg im Wettbewerb erzielt werden kann, als dem realen Wettbewerb fremdes, gewissermaßen synthetisches Steuerungselement erweist. Gegenstand dieser Befürchtung ist also eine (teilweise) Übernahme der Bewertungs- und Steuerungsfunktion des Wettbewerbs durch diejenigen Institutionen, die jenes neue Kriterium mehr oder weniger detailliert vorgeben. Zur Abhängigkeit der Wettbewerber von den Bedingungen des realen Wettbewerbs tritt, als zentraler Punkt dieser Kritik, eine neue, von anderen, politisch be-

---

38 Statt aller *Möschel*, Das Wirtschaftsrecht der Banken, S. 337 ff.

39 So die sog. *Dilemmathese*, vgl. dazu *Säcker*, Zielkonflikte im deutschen und europäischen Kartellrecht, S. 14 ff., und *Möschel*, Das Wirtschaftsrecht der Banken, S. 339 ff., beide mit w. Nachw.

stimmten Faktoren geprägte Abhängigkeit hinzu[40]. Eine *zusätzliche,* neben der der Einfügung in die faktischen Regeln des kompetitiven Systems bestehende Notwendigkeit werde geschaffen, sich an Kriterien messen zu lassen, die über den Wettbewerbserfolg entscheiden sollen. Diese zusätzliche Reglementierung aber wird als Einschränkung der wettbewerblichen Freiheit, als Minderung der freien Wählbarkeit wettbewerblicher Verhaltensweisen aufgefaßt[41].

Dieser Argumentation, die im einzelnen variiert und hier nicht in aller Ausführlichkeit wiedergegeben werden kann, läßt sich hinsichtlich ihrer Schlüssigkeit wenig entgegnen. Indes ergeben sich Zweifel an der Tendenz, mit der sie ihre Prämisse verabsolutiert, allein die „realen“, im Wettbewerb *autonom* entwickelten Maßstäbe für die Rangfolge der Wettbewerber seien legitim. Nicht hinreichend beachtet wird hierbei, daß nicht jede Freiheitsbeschränkung wettbewerbsinkonform und nicht jede Ausübung der gesetzlich möglichen Freiheiten im Wettbewerb mit dessen Leitgedanken vereinbar ist. Nicht alle, bei genauem Hinsehen die wenigsten der heute gegebenen Bedingungen für den Wettbewerbsablauf sind *systemintern* entstanden, voran die gesetzlichen Regulative vom Unlauterkeits- über das Gewerbe- bis zum Abgabenrecht. Entscheidend ist, daß alle diese externen Faktoren die Letztkompetenz des Wettbewerbs nicht aufheben, mit den Worten *Tuchtfeldts*[42], daß die *ex-post-Steuerung der Wettbewerbsergebnisse* nicht ersetzt wird durch die ex-ante-Steuerung institutionalisierter Kooperation oder volkswirtschaftlich für wünschenswert gehaltener Modelltheorien. Die von *F. A. von Hayek*[43] erstmals als solche beschriebene Funktion des Wettbewerbs als Verfahren zur Entdeckung der verschiedensten relevanten Wirtschaftstatsachen muß in ihrem Kernbereich erhalten werden. Nur dann wird die Richterrolle dieses Systems nicht dadurch diskreditiert, daß es mit Hilfe privater Machtentfaltung gelingen kann, geplante Erfolge *risikolos,* das heißt ohne die wettbewerbliche, ungewisse Bewertungsprüfung durchlaufen zu müssen, in die Tat umzusetzen.

Maßgeblich für die Kompatibilität vorgegebener neuer oder auch nur definierter Auslesekriterien ist also ihr Verhältnis zur experimentellen Natur des Wettbewerbs. Ist dieses Verhältnis ein *neutrales* oder vermag das neue oder präzisierte normative Kriterium diesen heuristischen Charakter sogar zu *optimieren,* indem Umstände beseitigt werden, die

---

[40] *Hoppmann,* JbNSt 184, S. 414 f.: „... Wettbewerb als ein Instrument in der Hand der Regierung anzusehen, funktionalisiert die Marktteilnehmer, macht sie zu Funktionsträgern der Regierung und unterwirft sie staatlichen Anordnungen zu einem jeweils staatlich definierten austauschbaren Zweck.“

[41] So vor allem von *Hoppmann,* JbNSt 184, S. 414.

[42] ZfNök 27 (1967), S. 1, 14 f.

[43] Der Wettbewerb als Entdeckungsverfahren, in: *F. A. von Hayek,* Freiburger Studien, S. 249 ff.; vgl. ferner *Hoppmann,* JbNSt 184, S. 412 u. 414.

ihn beeinträchtigen, bestehen insoweit keine Bedenken, es einzuführen. Die Alternative „Wettbewerbsfreiheit oder systemexterne, wettbewerbspolitisch motivierte Einflußnahme auf die Bewertungsinstanz ‚Wettbewerb'" stellt sich zumindest in diesem Fall nicht.

Werberegeln nach § 28 Abs. 2 müssen deshalb generell und in ihrer Effizienz so begrenzt werden, daß ihre Koordinierungsfunktion als Instrumente der zwischenbetrieblichen Zusammenarbeit die Offenheit der Wettbewerbsresultate nicht ex ante ausschließt. Die in kybernetischer Terminologie als „black-box-Phänomen" des Wettbewerbs charakterisierbare *Ungewißheitssituation* der Wettbewerber ist in ihrem Kernbereich zu erhalten.

Dieser wesentliche Vorbehalt gegenüber dem Institut der WBRn in den §§ 28 ff. und den Kooperationserweiterungen der Zweiten Kartellgesetznovelle ist bisher bedauerlicherweise nicht hinreichend deutlich angemeldet worden. Die Konfliktmöglichkeit, die schon beschrieben wurde, wird in dem wichtigsten Memorandum der „Neuen Wettbewerbspolitik", dem von der Arbeitsgruppe Wettbewerbspolitik beim BMWi erstellten „Neuen Leitbild für die Wettbewerbspolitik"[44] nicht behandelt. Direktiven lassen sich deshalb insofern weder ihm noch den Gesetzesmaterialien der Novelle entnehmen.

Auch unter Beachtung der ex-post-Steuerung der wettbewerblichen Funktionen konzipierte WBRn mit strukturpolitischer Zielsetzung sind gleichwohl Ausprägungen eines gewissen rationalistischen Konstruktivismus. Sie sind unleugbar systemfremde Regelungsinstrumente innerhalb des realen Wettbewerbs, deren Effizienz und Kompatibilität nur empirisch im Zeitablauf festgestellt werden kann. Ob die in sie gesetzten Hoffnungen wettbewerbspolitischer Art hinsichtlich der Eignung solcher Regeln zu einer unternehmensgrößenbezogenen Strukturpolitik berechtigt sind, ist gegenwärtig noch offen.

Daß vor dem Hintergrund im einzelnen allerdings unterschiedlich schnell verlaufender Strukturveränderungen zu Lasten kleiner und mittlerer Unternehmen Initiativen zum institutionellen Wettbewerbsschutz geboten sind, zählt zu den wesentlichen Prämissen der modernen Wettbewerbspolitik. Die Anwendung des *heuristischen* Prinzips, das dem ergänzten § 28 Abs. 2 offenbar zugrunde liegt, ist eine Konsequenz der wettbewerbspolitischen wie -theoretischen Neuorientierung, daß eine wettbewerbsautonome Behebung dieses Problems nicht möglich und es daher notwendig ist, globale Steuerungsbemühungen seitens der staatlichen Lenkungsorgane rechtlich zu institutionalisieren[45]. An diesen

---

[44] Bei *Kartte,* Ein neues Leitbild, S. 93 ff. Zur Kritik an der Unvollständigkeit des „Leitbilds" *Hoppmann,* JbNSt 184, S. 399.

[45] Vgl. schon 1.2.

Wertsetzungen und den Details dieser wettbewerbspolitischen Hintergründe der GWB-Novelle von 1973 eingehender Kritik zu üben, ist nicht die Aufgabe einer juristischen Untersuchung. Diese Zielsetzungen können andererseits bei einem primär instrumental charakterisierten Rechtsinstitut wie den WBRn des erweiterten § 28 Abs. 2 nicht vollkommen außer Betracht bleiben. In allen juristischen Wertungsspielräumen und bei der Lösung auftretender Interessenkonflikte müssen sie als vorgegeben berücksichtigt werden.

3. Zur Auslegung des neuen § 28 Abs. 2

§ 28 Abs. 2 ist durch die Zweite Kartellgesetznovelle insofern erweitert worden, als neben die Lauterkeit im Wettbewerb die *Wirksamkeit eines leistungsgerechten Wettbewerbs* als zweites Zielobjekt für WBRn trat. Diesen neuen komplexen Rechtsbegriff auf die Verhältnisse des Werbungswettbewerbs zu übertragen, erfordert vorab eine Auslegung seiner einzelnen Bestandteile und ihres Verhältnisses zueinander.

3.1. Gleichsetzung von „Wettbewerb" mit „Wettbewerbsverhalten"

Nur vordergründig von Bedeutung für eine praktikable Auslegung des Begriffs ist die Frage, ob der Ausdruck „Wettbewerb" in der Ergänzung der Definitionsnorm § 28 Abs. 2 *institutionell* aufzufassen sei oder vielmehr das Wettbewerbs*verhalten* der Unternehmen bezeichne[1]. Leistungsgerechter Wettbewerb als Institution ist die Summe leistungsgerechten Verhaltens im Wettbewerb. Die Deutung als Wettbewerbsverhalten dürfte aber um des Zusammenhangs willen vorzuziehen sein: Geregelt werden soll das *Verhalten* der beteiligten, miteinander in einem Wettbewerbsverhältnis stehenden Unternehmen. Dieses Verhalten kann, wovon der Gesetzgeber ausgeht, mit Hilfe von WBRn an branchenspezifische Grundsätze eines leistungsgerechten Wettbewerbs angeglichen werden. Diese Grundsätze mit Richtlinienfunktion für das unternehmerische Verhalten im Wettbewerb sind vernünftigerweise als *Verhaltens*grundsätze zu begreifen.

Wenn nachfolgend im unmittelbaren Zusammenhang mit § 28 Abs. 2 von Wettbewerb gesprochen wird, schließt dieser Wortgebrauch daher die logischere Interpretation als Wettbewerbs*verhalten* ein.

3.2. Leistungsgerechtes Wettbewerbsverhalten

Der Begriff der Leistungsgerechtigkeit, wie er in § 28 Abs. 2 erstmals im GWB verwendet wird, ist ein *normativer* Rechtsbegriff mit enger Verwandtschaft zu einem Begriff, der das gesamte Recht des Wettbewerbs, insbesondere aber das der WBRn, von Anbeginn an beherrschte, nämlich zu jenem des *Leistungswettbewerbs*[2]. Leistungsgerechter Wett-

---

[1] Vgl. *Langen / Niederleithinger / Schmidt* § 28 Anm. 13 unter Hinweis auf die zutreffende Auslegung durch *Benisch*, GRUR 1976, S. 448, 450 und Kooperationsfibel S. 440. Ähnlich wie hier auch *Knöpfle*, Der Rechtsbegriff „Wettbewerb" und die Realität des Wirtschaftslebens, S. 337 f.

bewerb und Leistungswettbewerb werden bezeichnenderweise auch in der neueren Literatur nahezu ausnahmslos synonym verwendet[3]. Zwischen beiden bestehen jedoch funktionale Unterschiede, die es angeraten sein lassen, den komplexen Ausdruck „Wirksamkeit eines leistungsgerechten Wettbewerbs" als eigenständigen neuen Terminus zu behandeln, für den „Leistungswettbewerb" ein irreführendes Tauschwort wäre.

Gemeinsam ist dem alten wie dem neuen Begriff zunächst, daß mit ihnen das Erfordernis einer *engeren Relation* zwischen Wettbewerbsverhalten und unternehmerischer Wertschöpfung umschrieben werden sollte. Wettbewerbsverhalten und Unternehmensleistungen sollten einander derart entsprechen, daß die Nutzung der Resultate der eigenen kaufmännisch-unternehmerischen Anstrengung vor anderen Wettbewerbsmitteln rangiert. In den Worten *Nipperdeys*[4], in denen er 1930 erstmalig sein Verständnis des Leistungswettbewerbs zusammenfaßte: Leistungswettbewerb (und, wie aus heutiger Sicht zu ergänzen ist, leistungsgerechter Wettbewerb) sind alle Wettbewerbshandlungen, „die in der Ausdehnung des eigenen Geschäftsbetriebs, genauer in der Förderung der Absatztätigkeit mit den Mitteln der *eigenen Leistung*[5] bestehen (Preisunterbietung, Qualitätssteigerung)". *Hefermehl*[6] hat darauf aufbauend definiert, Leistungswettbewerb sei der Wettbewerb, „bei dem die zur Vergleichung stehenden Leistungen der rivalisierenden Unternehmen frei zur Entfaltung kommen". Er betont damit die Funktion der Marktpartner, denen es obliegt, die angebotenen Leistungen zu beurteilen und einzustufen, eine Funktion, die voraussetzt, daß die Nachfrageseite die notwendigen Leistungs*vergleiche* ungehindert und auf breiter Vergleichsbasis vornehmen kann. *Hefermehl* folgend läßt sich also zwischen wettbewerblichen Verhaltensweisen differenzieren, die diesen erforderlichen und wettbewerbstypischen Leistungsvergleich objektiv *fördern* und solchen, die ihn in irgendeiner Hinsicht *erschweren*. Im ersten Fall handelt es sich um *Leistungs-*, im zweiten um *Nicht*leistungswettbewerb, wobei jeweils sehr unterschiedliche Intensitätsgrade möglich sind. Im Anschluß an *Hefermehl* und *Nipperdey* wären dabei unter „Leistungen" *objektive, vergleichsgeeignete Daten der auf den Märkten befindlichen Angebote zu verstehen, in erster Linie also*

---

[2] Vgl. dazu grundsätzlich *Freitag* sowie die anderen in Kap. 1.2., Fn. 8 genannten Autoren.

[3] So z. B. von *Hamm*, WuW 1975, S. 115, 118; *Kroitzsch*, BB 1977, S. 220; *Hönn*, GRUR 1977, S. 141, 143. Vgl. auch den ausdrücklichen Hinweis von *Schachtschabel*, Auslegung wirtschaftlicher Rechtsbegriffe, S. 16.

[4] Wettbewerb und Existenzvernichtung, S. 16. Der Begriff als solcher geht auf *Lobe*, Der unlautere Wettbewerb, Mannheim 1929, S. 20, zurück.

[5] Im Original gesperrt.

[6] *Baumbach-Hefermehl*, Einl. UWG Anm. 71.

Preise, Qualitätsmerkmale, Liefer-, Service-, Garantiebedingungen und ähnlich entscheidungsrelevante Tatsachen[7].

Die Vorschriften des UWG, insbesondere die §§ 1 und 3, mit denen Verhaltensweisen entgegengewirkt werden soll, die geeignet sind, Resultate der von Nachfragern durchgeführten Leistungsvergleiche zu verfälschen, sind funktional betrachtet aber sehr *unvollkommen:* Sie bekämpfen den unlauteren Nichtleistungswettbewerb unter dem Gesichtspunkt der beeinträchtigten Wettbewerbschancen der jeweiligen Konkurrenten. Keinen Einfluß vermag das repressive Wettbewerbsrecht jedoch auf das Verhalten der Unternehmen hinsichtlich ihres eigenen Vergleichsbeitrags auszuüben. Inwieweit *sie* die wettbewerbliche Auseinandersetzung mit den Mitteln ihrer objektiven Leistung führen und Preise, Qualität und sonstige Angebotskennzeichen einsetzen, um Kunden zu gewinnen, bleibt ihrer eigenen Entscheidung überlassen. Das gilt vor allem für den Aktionsparameter der *Werbung* als dem Hauptakquisitionsmittel im Wettbewerb. Das Recht des UWG und seiner Nebengesetze sichert zwar die Freiheit, mit Leistungen zu werben, vor unlauteren Behinderungen, hat aber keinen Einfluß darauf, in welchem *Maß* von dieser Freiheit Gebrauch gemacht wird. In ökonomisch-funktionaler Hinsicht besteht demzufolge eine Art negativen Rechts der Wettbewerber, sich dem positiven Leistungswettbewerb zu entziehen und darauf zu verzichten, in ihrem Wettbewerbsverhalten die ihre Produkte oder Dienstleistungen kennzeichnenden Fakten dominieren zu lassen. Der Nachfrageseite wird es auf diese Weise erschwert, leistungsorientierte Vergleiche der einzelnen Angebote anzustellen und entsprechend zu entscheiden. Die ihr in einer Wettbewerbswirtschaft zugewiesene Rolle der Leistungsbewertung kann folglich weniger wirksam vorgenommen werden.

Das führt dazu, daß eine der wichtigsten Wettbewerbsfunktionen[8], nämlich die *Steuerung der funktionellen Einkommens- oder Erfolgsverteilung nach der Marktleistung*, nur unvollkommen erfüllt wird. Der Prozeß der Auslese durch die Marktgegenseite hängt in seiner Qualität auch davon ab, welche Auslesekriterien von den Unternehmen auf den Märkten *angeboten werden*, eine Konsequenz aus dem Marketing und namentlich der Werbung als einer Kommunikation über marktexistente Angebote. Soweit Maßnahmen der Absatzförderung erfolgreich sind und ihre Zielgruppen erreichen und beeinflussen, steuern sie partiell die Auslese der besten Leistung, die den Nachfragern obliegt. Diese in-

---

[7] Vgl. *Baumbach-Hefermehl*, Einl. UWG Anm. 72; ebenso *Schachtschabel*, S. 18.

[8] Zahl und Rangfolge der Funktionen des Wettbewerbs werden in der wirtschaftswissenschaftlichen Literatur unterschiedlich festgelegt, vgl. *Kantzenbach*, S. 15 ff., sowie *Eickhof*, Kooperation, Konzentration und funktionsfähiger Wettbewerb, S. 19.

direkte Teilsteuerung wirkt sich folglich auch auf den Anteil der Marktleistungen des einzelnen Konkurrenten an den Ursachen seines Einkommens aus: Die Entscheidung der Abnehmer für dessen Angebot aufgrund vergleichbarer Leistungen ist qualitativ zu einem Teil bedingt durch die *Vergleichsbereitschaft* der Unternehmen. Diese Vergleichsbereitschaft bestimmt das Maß, in dem die Konkurrenten in ihren Aktivitäten zur Kundengewinnung, in erster Linie in ihrer Werbung, objektive Marktleistungen in den Vordergrund stellen.

Leistungsgerechtes Wettbewerbsverhalten ist demnach ein Verhalten von Unternehmen im Wettbewerb, das die Wettbewerbsfunktion der marktleistungsbestimmten Erfolgsverteilung fördert, indem Leistungsvergleiche der Marktpartner erleichtert werden. Mit anderen Worten: Leistungsgerecht ist ein Wettbewerbsverhalten, falls ein Unternehmen seinen Absatz dadurch zu fördern bestrebt ist, daß es vergleichsgeeigneten Informationen über seine Marktleistungen, insbesondere Qualität und Preise, in seinen Beeinflussungsversuchen gegenüber den Kunden Vorrang einräumt[9].

Eine ähnliche Umschreibung vertritt im übrigen das BKartA in seinem Tätigkeitsbericht für das Jahr 1977[10]. Nach seiner Auffassung sind leistungsfremd[11] solche Verhaltensweisen, „die nicht den vom Wettbewerb erwarteten und erwünschten Funktionen entsprechen, also nicht der Durchsetzung der besseren Leistung mit marktkonformen Mitteln dienen, sondern andere Marktbeteiligte an der Erbringung ihrer Leistung hindern oder den Leistungsvergleich selbst — zumindest partiell — außer Kraft setzen, ohne wegen ihrer generellen Wettbewerbsschädlichkeit per se nach den Vorschriften des GWB oder UWG verboten zu sein“[12].

Die *eigenständige* Bedeutung des neuen Begriffs „leistungsgerechter Wettbewerb“ gegenüber der älteren Prägung des Leistungswettbewerbs liegt in seiner engen Beziehung zur wettbewerblichen Funktion der marktleistungsabhängigen Einkommensverteilung. Es handelt sich bei

---

9 Anderer Ansicht *Hamm*, WuW 1975, S. 115, 119, der den engen Zusammenhang verkennt, der zwischen „leistungsgerecht“ und der Wettbewerbsfunktion der marktleistungsgesteuerten Erfolgsverteilung besteht.

10 BT-Drucks. 8/1925.

11 Eine *positiv* formulierte Definition findet sich in der Begründung des BKartA für seinen Beschluß über die Eintragung der WBRn des Markenverbandes. Das BKartA führt dort aus, leistungsgerecht sei „... der Wettbewerb, der sich insbesondere des Preises, der Qualität, der Lieferbedingungen und anderer Mittel bedient, die sich aus der kaufmännischen, technischen oder organisatorischen Tüchtigkeit, aus der Erfahrung und Forschung sowie sonstiger auf Schaffung von Werten gerichteter Anstrengungen des Unternehmens ergeben (MA 1976, S. 218).“ Diese ältere positive Definition ist offensichtlich weniger an einer funktionalen Betrachtungsweise ausgerichtet als die jüngere, *negativ* formulierte.

12 BT-Drucks. 8/1925, S. 35.

ihm um einen *wettbewerbspolitisch* konzipierten Begriff, während in der Judikatur und im Schrifttum zum unlauteren Wettbewerb naturgemäß die zivilrechtlich-freiheitssichernde Komponente der Bedeutung des Wettbewerbs mit der Leistung im Vordergrund steht. Die Wahl eines *neuen* Rechtsbegriffs gibt insofern Gelegenheit, diese verschiedenartigen Zielrichtungen auch terminologisch deutlich werden zu lassen[13].

In der Literatur[14] wird verschiedentlich die hinreichende *begriffliche Schärfe* des leistungsgerechten Wettbewerbs angezweifelt. Wenn auch nicht ganz von der Hand zu weisen ist, daß einige Passagen der Materialien zur Ergänzung von § 28 Abs. 2 kaum über bloße Andeutungen möglicher begrifflicher Inhalte hinausreichen[15], bietet die wettbewerbsrechtliche Nähe des neuen Terminus zu seinem zivilrechtlichen Nachbarbegriff, dem Leistungswettbewerb im Sinne *Hefermehls*, die Chance zur genügenden Konkretion. *P. Ulmer*[16] hat zu Recht darauf aufmerksam gemacht, daß dieser begriffliche Vorläufer des neuen Ausdrucks „leistungsgerechter Wettbewerb“ im Rahmen der Generalklausel des UWG von der Rechtsprechung in den letzten Jahren zunehmend gleichfalls *funktional* interpretiert worden ist. Der Schutz der Existenz des Wettbewerbs vor leistungsfremden Praktiken und gerade auch die Sicherung der Funktion der Marktgegenseite, über den Rang der einzelnen Angebote zu entscheiden, sind in diesem Zusammenhang mehrfach in grundlegenden Urteilen hervorgehoben worden[17]. Dabei wurde erkenn-

---

[13] Die terminologische Offenlegung der Verschiedenartigkeit wettbewerbspolitischer Zielrichtungen erweist sich mehr denn je als notwendig. So leidet die jüngste Interpretation von § 28 Abs. 2 n. F. durch *Wolter* (Die Möglichkeiten unternehmerischer Kooperation nach der Zweiten Novelle des Gesetzes gegen Wettbewerbsbeschränkungen, Diss. Göttingen 1977) vor allem an dem Verzicht auf eine Analyse funktionaler Wettbewerbsaspekte jenseits des Schutzes vor Machtmißbräuchen. Es verwundert deshalb insbesondere nicht, daß Wolter die von ihm zu Recht als gesetzgeberisches Ziel erkannte „Verhinderung volkswirtschaftlich unerwünschter Verhaltensweisen“ (a. a. O., S. 123) nicht *funktionsbezogen* aufschlüsselt und die wettbewerbliche Hauptfunktion der marktleistungsabhängigen Einkommenssteuerung, das Kernstück der Auslegung von § 28 n. F., außer acht läßt.

[14] Vgl. *Markert*, ZHR 134 (1970), S. 208, 232 f.; *Dörinkel*, WuW 1971, S. 607, 615; *Emmerich*, ZGR 1976, S. 167, 185; *Säcker*, Zielkonflikte im deutschen und europäischen Kartellrecht, S. 54; *Meier*, WRP 1978, S. 516.

[15] Zum fragmentarischen Charakter des § 28 betreffenden Abschnitts der Begründung des Regierungsentwurfs *Sandrock*, WuW 1969, S. 205, 228 ff.; *Schachtschabel*, S. 17 f.; *Schmiedel*, WuW 1975, S. 743, 745.

[16] GRUR 1977, S. 565, 568. *Ulmer* spricht in diesem Zusammenhang von einer „nicht klassischen Unlauterkeit“ leistungsfremden Verhaltens. Vgl. ferner *L. Raiser*, GRUR Int. 1973, *S. 443*, sowie *Schluep*, GRUR Int. 1973, S. 446.

[17] BGH NJW 1965, S. 1325, 1327 (— *Kleenex* —); BGH GRUR 1973, S. 519, 523 (— *Schatzjagd* —); BGH GRUR 1975, S. 26, 28 f. (— *Colgate* —); BGHZ 65, 68, 72 (— *Vorspannangebot* —); BGH JZ 1977, S. 25, 26 (— *Meßbecher* —); BGH JZ 1977, S. 26 (— *Rustikale Brettchen* —); BGH JZ 1977, S. 27, 28

bar, daß UWG und GWB, wenn auch unter verschiedenen Aspekten, dieselben Grundwerte der Wettbewerbsordnung in ihrem Bestand und ihrer funktionalen Bedeutung für die Marktwirtschaft zu bewahren haben. Der im GWB verankerte leistungsgerechte Wettbewerb stellt also im wesentlichen nur eine Fortentwicklung vorhandener und für den ganzen rechtlichen Schutz des Wettbewerbs maßgeblicher Sicherungsbemühungen dar. Anders als im Fall einer völligen Neuschöpfung ist es möglich, die vor allem in der Rechtsprechung gewonnenen Erfahrungen mit Konkretionen des Leistungswettbewerbs, zumindest in Teilen, zu verwerten.

Aussagen darüber, *wann* leistungsgerechtes Wettbewerbsverhalten vorliegt oder aber leistungswidrige Verhaltensweisen feststellbar sind, gewinnen jedoch am ehesten an begrifflicher Schärfe, wenn sie, wie *P. Ulmer*[18] ebenfalls anregt, auf die *einzelnen Wettbewerbsparameter* der Unternehmen Bezug nehmen. Eine derart spezifische und praxisorientierte Abgrenzung vermeidet die Gefahr der mißdeutbaren Abstraktion und der Konturenlosigkeit, der eine für das Verhalten der Unternehmen im Wettbewerb schlechthin Geltung beanspruchende Generaldefinition ausgesetzt wäre. Die im Kern mit der Definition des BKartA[19] übereinstimmende Umschreibung leistungsgerechter Teilnahme am Wettbewerb muß demnach als *vorläufig* verstanden und in Einklang mit dem Erkenntnisinteresse dieser Untersuchung auf den Wettbewerbssektor der Werbung eingeengt werden.

Es ist bereits an anderer Stelle[20] betont worden, daß die neuen WBRn des § 28 Abs. 2 in enger Verbindung mit der heute administrativ akzeptierten Dominanz der funktionalen Aspekte des Wettbewerbssystems gesehen werden müssen, wie sie für die herrschende Wettbewerbstheorie, vor allem in der Konzeption *Kantzenbachs*, kennzeichnend ist. Dieser funktionalen Sicht des Wettbewerbs entspricht ein *instrumentales* Verständnis der neuen Wettbewerbspolitik[21], womit hier die Beeinflussung der Bedingungen für die Funktionsfähigkeit des Wettbewerbs umschrieben werden soll. Leistungsbezogene WBRn sind hierfür exemplarisch.

(— *Kochbuch* —); BGH GRUR 1977, S. 257, 259 (— *Schaufensteraktion* —); BGH GRUR 1977, S. 619, 621 (— *Eintrittsgeld* —).

18 AfP 1975, S. 870, 883, Fn. 113, und GRUR 1977, S. 565, 567, 570 ff.

19 Vgl. o. bei Fn. 11.

20 S. o. 2.2.2.

21 *W. Kartte* (Präsident des BKartA), Wettbewerb im Spannungsfeld zwischen BMWi und BKartA, S. 52: „Die aktive Wettbewerbspolitik ... hat bewußt instrumentalen Charakter." Und: „Die amtliche Wettbewerbspolitik muß sich wegen ihrer Einordnung in umfassende Zielbündel die instrumentale Betrachtungsweise offenhalten." Im übrigen folgt die Notwendigkeit der instrumental-normativen Wettbewerbsinterpretation aus der Normenrolle formulierter Wettbewerbspolitik, vgl. *Willeke*, Grundsätze wettbewerbspolitischer Konzeptionen, S. 27.

Das Schwergewicht einer Konkretion des leistungsgerechten Werbeverhaltens muß demnach auf die Charakterisierung des Verhältnisses gelegt werden, in dem sich die Aufgabe des kompetiven Systems, Unternehmenseinkommen marktleistungsabhängig zu steuern, zu seiner real bewirkten Erfolgsverteilung befindet, soweit sie auf *Werbung* zurückzuführen ist. Erst im Anschluß daran läßt sich eine rationale Aussage darüber treffen, wie der instrumentale Zielbereich leistungsbezogener Werberegeln begrenzt und ob die Kritik mangelnder Justitiabilität des neuen Begriffs letztlich berechtigt ist. Angesichts seiner Pauschalität erscheint jedoch schon ex ante eine reservierte Bewertung dieses Urteils angezeigt.

3.3. Der Begriff der Wirksamkeit im Kontext des leistungsgerechten Wettbewerbs

§ 28 Abs. 2 n. F. erwähnt den leistungsgerechten Wettbewerb nicht als einzelnen, sondern als Teil eines *komplexen* Rechtsbegriffs, der „Wirksamkeit eines leistungsgerechten Wettbewerbs".

„Wirksamkeit" bezeichnet dabei sinnvollerweise die Effizienz der marktleistungsgerechten wettbewerblichen Erfolgsverteilung, genauer: die *tatsächliche Funktionserfüllung* des konkreten leistungsgerechten Wettbewerbsverhaltens der Unternehmen, wie es soeben in seinen Grundstrukturen beschrieben wurde und später für den Aktionsparameter der Werbung noch spezieller einzugrenzen ist. Es soll gewährleistet werden, daß sich die *beste* Leistung als Kriterium für den relativ besten Markterfolg durchzusetzen vermag.

„Wirksamkeit" ist folglich als auf die Funktion des leistungsgerechten Wettbewerbsverhaltens bezogen auszulegen. Auch dieses Teilstück des Gesamtbegriffs ist also wesentlich beeinflußt von der instrumental-funktionalen Prägung des „Neuen Leitbilds für die Wettbewerbspolitik" und des wettbewerbstheoretischen Entwurfs des „funktionsfähigen Wettbewerbs" von *Kantzenbach*.

Der Begriffsteil der Wirksamkeit zieht schließlich auch die entscheidende Grenze für den möglichen Inhalt leistungsbezogener WBRn. *Die Funktion der wettbewerblichen Einkommenssteuerung in Abhängigkeit von Marktleistungsrelationen darf nicht dadurch beeinträchtigt werden, daß WBRn den Wettbewerb in einer Weise beschränken, daß seine Funktionsfähigkeit in dieser besonderen Hinsicht verringert wird*[22]. Derartig funktionswidrige Regeln können auch nicht mit dem Argument des Mittelstandsschutzes gerechtfertigt werden, der, wie erwähnt, ein Hauptmotiv für die erweiterte Fassung von § 28 Abs. 2 war. Vollzieht sich ein Branchenstrukturwandel infolge verminderter Leistungsfähigkeit

[22] Ebenso wie hier *Hönn*, GRUR 1977, S. 141, 143.

mittlerer oder kleiner Unternehmen, sind WBRn kein zulässiges Mittel, um ihn abzubremsen. Leistungsgerechtigkeitsregeln erlauben in dem ihnen eigenen geringen Maß Einwirkungen auf Strukturprozesse *nur* unter der Voraussetzung vorhandener Leistungskapazität mittelständischer Unternehmen. Dabei muß jedoch das *volkswirtschaftliche* Interesse an einem Mischungsverhältnis der Unternehmensgrößen im Vordergrund stehen. Mittelstandspolitische Zielvorstellungen sind diesem Hauptanliegen der Novelle eindeutig *untergeordnet* und nur soweit der Schutz mittelständischer Existenzen zugleich institutionellen Wettbewerbsschutz bedeutet, lassen sie sich in Form von Leistungsgerechtigkeitsregeln verwirklichen. Die Erhaltung mittelständischer *Grenzbetriebe* scheidet daher von vornherein aus[23].

Zusammenfassend formuliert setzen leistungsbezogene WBRn die Leistungsfähigkeit von Unternehmen voraus, um ihre Chancen dort zu stützen, wo sie sich größenbedingt gegenüber Konkurrenten im Nachteil befinden. Die Qualität des Wettbewerbs soll in der Weise verbessert werden können, daß ihre vorhandene Leistungskapazität in erhöhtem Maß zu Erfolgen führt. Eine Mittelstandsförderung ohne die Transmissionswirkung der Leistungskraft liegt nach wie vor außerhalb dessen, was § 28 Abs. 2 an zulässigen Zielen für die antragsberechtigten Wirtschafts- und Berufsverbände umfaßt.

3.4. Zur Unterscheidung negativer und positiver leistungsbezogener Wettbewerbsregeln

§ 28 Abs. 2 erlaubt die Eintragung von WBRn, die einem unerwünschten unlauteren bzw. nicht leistungsgerechten Verhalten im Wettbewerb *entgegenwirken* (Negativregeln[24]) und solchen Regeln, die ein erwünschtes Verhalten *anregen* (Positivregeln) sollen. *Positiv*regeln ermöglichen eine Regelformulierung der unmittelbaren Anordnung bestimmter Verhaltensweisen, während *negativ* gefaßte WBRn die gleichen erstrebten Effekte auf dem Umweg der Untersagung zielinkonformer Alternativen fördern können. Die Legaldefinition trug damit zumindest in ihrer Fassung *vor* Inkrafttreten der Novelle der sich in der Praxis von Fall zu Fall ergebenden Notwendigkeit Rechnung, je nach den sehr unterschiedlichen Möglichkeiten der Zielkonkretion und der direkten Beeinflußbarkeit des unternehmerischen Vorgehens im Wettbewerb auf dessen Qualität innerhalb einer Branche einzuwirken. Es handelt sich bei dieser im Gesetz getroffenen Differenzierung zwischen „entgegenwir-

[23] Die Zweifel von *Hönn*, GRUR 1977, S. 141, 143 (dort Fn. 26), an der insofern bestehenden Interpretationsbreite der Ergänzung sind unberechtigt, wenn, wie hier, „Wirksamkeit" und „Leistungsgerechtigkeit" eng aufeinander bezogen ausgelegt werden.

[24] Die Terminologie stammt von *Hönn*, GRUR 1977, S. 141, 143.

ken" und „anregen" um eine Lösungshilfe für denkbare Formulierungsprobleme. Die Flexibilität der Ansatzpunkte und Einflußrichtungen von Regelungen sollte nicht unnötig eingeengt werden.

Dieser gesetzgeberischen Tendenz zur relativen Formulierungsfreiheit widerstreitet es, wenn die Variante des Entgegenwirkens, wie etwa von *Wolf*[25], restriktiv als „verbieten" oder „verhindern" ausgelegt wird, zumindest wirkt eine Gleichsetzung dieser Begriffe irreführend. *Hönn*[26] hat zu Recht klargestellt, daß die Wahl des viel weiteren Ausdrucks „entgegenwirken" Gelegenheit zu einer abgestuften Verbindlichkeit von WBRn für die jeweiligen Unternehmen bietet. Neben eindeutigen Verboten können unverbindliche Empfehlungen ausgesprochen werden. Nicht allein die Weite des Wortlauts, auch eine Erst-recht-Argumentation als Schluß von der unstreitigen Zulässigkeit von Verbots- auf die der weniger einschneidenden Empfehlungsregeln lassen diese Einengung von „entgegenwirken" zu „verbieten" als willkürlich erscheinen.

In der von *Hönn*[27] vorgeschlagenen Terminologie sind *entgegenwirkende* Regeln folglich Negativregeln, die in der Intensität ihrer Anordnungsfunktion von unverbindlichen *Empfehlungen* bis zu expliziten *Verboten* reichen können. *Positiv*regeln sind analog als unverbindliche *Empfehlungen* bestimmter Verhaltensweisen, aber auch als strikte *Gebote* vorstellbar, die, einmal akzeptiert, ausnahmslos eingehalten werden müssen.

Im Gegensatz zu *Hönn* ist *Schmiedel*[28] der Auffassung, diese Kategorisierung sei nur *eingeschränkt* auf die neuen Leistungsgerechtigkeitsregeln übertragbar. Positiv formulierte, von ihm als „WBRn zur Veranstaltung von Wettbewerb"[29] apostrophierte Vorschriften seien nur als Lauterkeits-, nicht jedoch als Leistungsgerechtigkeitsregeln zulässig. Der Satzteil „diesen Grundsätzen" am Ende der Legaldefinition, so *Schmiedel*[30], beziehe sich *allein* auf eine Regelung zu Zwecken der Lauterkeit im Wettbewerb. Die Einfügung der Wortgruppe „oder der Wirksamkeit eines leistungsgerechten" ohne sonstige Änderungen des § 28 Abs. 2 zeige, daß das Wort „Grundsätze(n)" in keiner Weise mit dieser neuen Wortgruppe korreliert werden sollte. Demzufolge könne die Wiederholung des Ausdrucks „Grundsätze" am Ende gleichfalls nicht auf den Zusatz bezogen werden. Anderenfalls, bei einer gegenteiligen gesetzgeberischen Absicht, habe es näher gelegen, den doppelten Bezug von „diesen Grundsätzen" am Schluß der Definition hervorzuheben[31].

---

[25] Wettbewerbsregeln, S. 10 f. und passim.

[26] GRUR 1977, S. 142.

[27] GRUR 1977, S. 142.

[28] WuW 1975, S. 743, 748 ff.

[29] WuW 1975, S. 748.

[30] WuW 1975, S. 748 f.

Dafür, daß eine solche Absicht nicht bestand, führt *Schmiedel* den zeitlich vorrangigen Entwurf der Novelle an, der vom *BMWi* verantwortet wurde[32]. Dieser Entwurf unterscheidet sich von seinem Nachfolger, wie erwähnt, insofern, als er den alten Wortlaut der Definition in § 28 Abs. 2 beibehielt, in einem Abs. 3 jedoch hinzufügte:

„Wettbewerbsregeln dürfen auch zu dem Zweck aufgestellt werden, einem Verhalten im Wettbewerb entgegenzuwirken, das geeignet ist, die Wirksamkeit eines leistungsgerechten Wettbewerbs zu beeinträchtigen[33]."

Zugegebenermaßen hätte eine solche Neufassung von § 28, wäre sie Gesetz geworden, wohl kaum gestattet, ein den Grundsätzen der Wirksamkeit eines leistungsgerechten Wettbewerbs entsprechendes Unternehmensverhalten ausdrücklich anregen zu wollen. Indes trifft es *nicht* zu, wenn *Schmiedel* eine zwischen der Abfassung dieses ersten Entwurfs und jenem Gesetz gewordenen[34] der Bundesregierung einzuordnende Änderung der Auffassung der am Gesetzgebungsverfahren Beteiligten leugnet. Aus der Begründung des Regierungsentwurfs ergibt sich, worauf bereits *Hönn*[35] hingewiesen hat, daß die §§ 28 ff. (auch) dazu dienen sollen, „eine positive Handhabe insbesondere auch für die Anregung und Förderung des Leistungswettbewerbs zu geben". Die Begründung des BMWi-Entwurfs enthält hingegen *keine* derartige Aussage und läßt im übrigen auch nicht erkennen, worin damals der Grund dafür gesehen wurde, daß allein negative — gegen bestimmte unternehmerische Verhaltensformen gerichtete — WBRn der neuen Art als eintragungsfähig galten.

Hönn[36] ist deshalb beizupflichten, wenn er die Argumentation von *Schmiedel* als kaum überzeugend bezeichnet, der Gesetzgeber habe die Linie des *BMWi* beibehalten wollen, dem jedoch in der endgültigen Fassung nicht hinreichend Ausdruck verliehen.

Aber auch in sprachlicher Hinsicht hat *Schmiedel* § 28 Abs. 2 n. F. mißdeutet. Angesichts der vielfach geäußerten[37] Kritik an der Qualität der alten Fassung unter dem Aspekt der Verständlichkeit, vor allem der Übersichtlichkeit, wäre es völlig unverständlich gewesen, wenn die Neufassung am Ende von § 28 Abs. 2 die Einfügung wiederholt hätte, um so klarzustellen, daß auch in Bezug auf sie WBRn zur Anregung eines entsprechenden wettbewerblichen Verhaltens zulässig seien. Das

---

[31] *Schmiedel,* WuW 1975, S. 749.

[32] WuW 1975, S. 749.

[33] Dazu schon oben unter 2.1.

[34] WRP 1968, S. 218, 220.

[35] GRUR 1977, S. 142.

[36] GRUR 1977, S. 142.

[37] Vgl. etwa das Vorwort von *Wolf* (Fn. 22); ferner *Franzen,* GK vor § 28 Anm. 4 a. E. *Lieberknecht,* S. 70: „Daß der Wortlaut des § 28 unpräzise ist, ist allgemein anerkannt."

Verdikt des Verfalls der Gesetzessprache, das *Schmiedel*[38] einleitend über den neuen § 28 Abs. 2 fällt, wäre der Monstrosität des Resultats einer solchen „Klarstellung" vollauf angemessen. Der abkürzende Verzicht darauf, Leistungsgerechtigkeitsregeln expressis verbis in Relation zur Möglichkeit der Anregung eines demgemäßen Verhaltens zu setzen, ist, darin muß *Hönn*[39] schließlich ebenfalls zugestimmt werden, sprachlich durchaus möglich. Er zwingt keinesfalls zu den Schlußfolgerungen, zu denen *Schmiedel* glaubt gelangen zu müssen.

Als *Fazit* ist festzustellen, daß entgegen *Schmiedel* § 28 Abs. 2 auch für WBRn, die sich auf die Wirksamkeit des leistungsgerechten Wettbewerbs beziehen, eine Zwecksetzung gestattet, die in der Anregung eines darauf gerichteten Verhaltens der Unternehmen besteht. Die Alternativität der Richtungen, in denen WBRn wirken dürfen („entgegenwirken"/„anregen"), gilt demnach sowohl für Lauterkeits- als auch für Leistungsgerechtigkeitsregeln.

3.5. Zwischenergebnis

Der neue unbestimmte Rechtsbegriff „Wirksamkeit eines leistungsgerechten Wettbewerbs" in § 28 Abs. 2 ist mithin trotz gewisser Schwierigkeiten ausreichend bestimmbar. Mit ihm hat der Gesetzgeber den Gedanken der primären Nutzung des eigenen unternehmerischen Leistungspotentials aufgegriffen, dessen Wert schon seit langem und auch gegenwärtig noch mit dem Begriff des lauteren Leistungswettbewerbs gekennzeichnet wird. Die neue Prägung des leistungsgerechten Wettbewerbs stellt eine wettbewerbspolitische Indienstnahme des älteren Ausdrucks dar. Die neue Variante unterscheidet sich von ihrer begrifflichen Basis dadurch, daß sie unter dem Aspekt der ökonomischen Vorteilhaftigkeit die Wettbewerbsfunktion der marktleistungsabhängigen Erfolgsverteilung forcieren soll. Sie dient vorrangig dazu, die Erfüllung dieser Hauptaufgabe des wettbewerblichen Systems langfristig zu sichern und bezweckt damit den institutionellen Schutz des Systems selbst.

Daß es sich dabei um eine Emanation der administrativ-akzeptierten *Theorie des funktionsfähigen Wettbewerbs* handelt, belegt neben manchen Formulierungen der Begründung des Regierungsentwurfs das vorangestellte Wort „Wirksamkeit". Mit ihm soll das Ziel des Gesetzgebers markiert werden, die tatsächliche Funktionserfüllung in puncto marktleistungsadäquate Einkommenssteuerung zu gewährleisten. Dieser Zusatz zu dem Ausdruck „leistungsgerechter Wettbewerb" zieht außerdem eine wichtige Grenze für leistungsbezogene WBRn: Ohne die Eignung, die Funktion des Wettbewerbs als Instrument der Steuerung des Unter-

[38] WuW 1975, S. 743.
[39] GRUR 1977, S. 142.

nehmenseinkommens nach dem Kriterium der objektiven Marktleistung zu fördern, sind solche WBRn nicht eintragungsfähig, mögen sie auch dem ebenfalls proklamierten Ziel der unternehmensgrößenbezogenen Strukturpolitik in sonstiger Hinsicht dienlich sein. Diese Schranke ist insbesondere bei wettbewerbsbeschränkenden WBRn zu beachten. Die Bemühungen um eine sachgerechte Auslegung erbrachten schließlich, daß entgegen einer Mindermeinung auch sog. Positivregeln der neuen Art im Rahmen der gesetzlichen Definition liegen, insofern also für Leistungsgerechtigkeitsregeln nichts Besonderes gilt. Empfehlungen unverbindlichen Charakters und verbindliche Gebote ohne Entscheidungsspielraum für die Unternehmen, die sich für ihre Einhaltung entschieden haben, sind demnach generell geeignet, von den Kartellbehörden registriert zu werden.

Ein ausführlicheres und in der Praxis zur Orientierung über die Grenzen des Gesamtbegriffs der Wirksamkeit eines leistungsgerechten Wettbewerbs besser verwertbares Auslegungsresultat setzt voraus, daß einzelne Aktionsparameter der Unternehmen auf ihr Verhältnis zur funktionellen wettbewerblichen Einkommenssteuerung untersucht werden. *Wann* wirksames leistungsgerechtes Verhalten vorliegt, ist daher hier im Hinblick auf die *Absatzwerbung* zu definieren.

4. Reaktionen der Praxis auf die Erweiterung von § 28 Abs. 2

4.1. Seitens der Wirtschaft

Die wichtigste der bisher vorliegenden Reaktionen aus Kreisen der Wirtschaft ist jene des *Markenverbands*, der als erster Fachverband den Impuls der Neufassung aufgenommen hat und dessen inzwischen vom BKartA in das Register für WBRn eingetragene Regeln[1] in wesentlichen Teilen von der neuen Möglichkeit der WBRn zum Schutz der Wirksamkeit des leistungsgerechten Wettbewerbs beeinflußt sind[2].

Von den die Eintragung begleitenden Äußerungen sind die Stellungnahmen von *Gries*[3] (Hauptgeschäftsführer des Markenverbands) und von *Franzen*[4] hervorzuheben.

Gries[5] registriert eine breite Zustimmung zu den WBRn des Markenverbands im Handel und wertet die Regeln in ihrer vorliegenden Form als „Weg der Selbsthilfe, die insbesondere in den letzten Jahren aufgetretenen Störungen des Leistungswettbewerbs zu bekämpfen".

Franzen[6] teilt mit, *der Markenverband* wolle den Katalog seiner WBRn wesentlich erweitern und dabei den Schwerpunkt auf von der Rechtsprechung noch nicht erfaßte, den Leistungswettbewerb jedoch gefährdende Tatbestände legen. Ferner hätten andere Fachverbände dem Markenverband ihr Interesse an einer teilweisen Übernahme seiner Regeln als eigene bekundet[7]. Die WBRn des *Markenverbands* könnten,

---

[1] Zusammen mit dem Eintragungsbeschluß abgedruckt in MA 1976, S. 207 ff.

[2] Dazu *Franzen*, WRP 1976, S. 519 ff.

[3] MA 1976, S. 205.

[4] WRP 1976, S. 519. *Franzen* wird *hier* wegen des Bezugs zu den Regeln des Markenverbands genannt.

[5] MA 1976, S. 205.

[6] WRP 1976, S. 522.

[7] Inzwischen haben eine ganze Reihe von Verbänden diese Übernahme vollzogen, darunter der *Milchindustrieverband* (vgl. WuW 1977, S. 385), der *Industrieverband Körperpflege und Waschmittel*, der *Bundesverband der Deutschen Süßwarenindustrie* (vgl. WuW 1977, S. 763), der *Gesamtverband Kunststoffverarbeitende Industrie, Fachverband Konsumkunststoffwaren*, der *Verband der Suppenindustrie* (vgl. WuW 1978, S. 38), der *Bundesverband der Deutschen Spirituosen-Industrie*, der *Verband der Deutschen Photographischen Industrie* (vgl. WuW 1978, S. 284), der *Verband der Reformwaren-Hersteller*, der *Zentralverband der Elektrotechnischen Industrie* (für die Bereiche Elektro-Hausgeräte, Elektro-Haushalt-Kältegeräte, Waschgeräte und Ge-

so *Franzen*, mit ihren bevorstehenden Ergänzungen ein *Modell* für eine selbstordnende Maßnahme der Wirtschaft zur Hebung der Qualität des Wettbewerbs sein, deren Chance unsere Wettbewerbsordnung auszuschöpfen gebiete, bevor der Gesetzgeber bemüht werde.

Erwähnt sei schließlich die Kommentierung des stellvertretenden Leiters der Abteilung Wettbewerbsordnung beim Bundesverband der Deutschen Industrie (BDI), *Benisch*[8]. *Benisch* enthält sich zwar einer wertenden Stellungnahme zur Neufassung. Von Interesse sind jedoch die Beispiele für von ihm so genannte Leistungswettbewerbsregeln auf dem Gebiet der Werbung. So hält er u. a. Beschränkungen der Unternehmen beim Einsatz sachferner (d. h. ohne nähere Beziehung zu ihrem Gegenstand bleibender — unthematischer —) sowie die Eindämmung suggestiver und übersteigerter (nämlich in kalkulationsmäßiger Hinsicht) Werbung nun für durch WBRn nach § 28 Abs. 2 in zulässiger Weise regelbar[9].

Die Praxis hat, wie sich zusammenfassen läßt, zustimmend und mehr oder weniger optimistisch auf die Novellierung reagiert. Sie mißt den Auslegungsschwierigkeiten infolge der Neuheit des Begriffs der Wirksamkeit eines leistungsgerechten Wettbewerbs weniger Gewicht bei als einige Autoren. Insbesondere die WBRn des Markenverbandes markieren für sie einen Neubeginn auf dem Gebiet der WBRn und üben nach ihrer Ansicht eine Art Schrittmacherfunktion aus.

Gleichwohl ist, insgesamt betrachtet und jedenfalls auf dem Gebiet der Werberegeln, eine gewisse Zurückhaltung der Verbände zu beobachten. Dafür lassen sich mehrere Gründe nennen. Zunächst natürlich der enorme Zeitaufwand, den die Konzipierung entsprechender Regelvorschläge durch die Verbandsspitze und der sich anschließende verbandsinterne Entscheidungsprozeß über die Proklamation des Werbeabkommens und seine Details im allgemeinen erfordern. Im Stadium vor Stellung eines Eintragungsantrags wirksame Verzögerungsfaktoren, wie sie für verbandsinterne Beschlußverfahren typisch sind, müssen ganz allgemein, also auch hinsichtlich der tatsächlich schon initiativ gewordenen Verbände, berücksichtigt werden. Der Umstand, daß bisher WBRn der neuen Art nur für den Markenverband und einige wenige Verbände eingetragen wurden[10], deutet schon deshalb nicht zwangsläufig auf eine Reserve anderer Verbände gegenüber der Er-

---

schirrspüler, Unterhaltungselektronik und Empfangsantennen), vgl. WuW 1978, S. 563; der *Bundesverband der Obst- und Gemüseverwertungsindustrie* und der *Bundesverband der Deutschen Feinkostindustrie* (vgl. WuW 1978, S. 626).

[8] Kooperationsfibel, 4. Aufl., herausgegeben vom *BDI*, Abt. Wettbewerbsordnung (Drucks. Nr. 98), S. 438 ff.

[9] *Benisch* a. a. O. (Fn. 8), S. 441.

[10] Vgl. u. 4.3.

gänzung von § 28 Abs. 2 hin. Der Zeitraum von ungefähr eineinhalb Jahren zwischen der Fassung eines Beschlusses des Markenverbands, die Eintragung von WBRn in der vorliegenden Form in das Register beim BKartA zu beantragen (5. Nov. 1974)[11], und dem Eintragungsbeschluß der Zweiten Beschlußabteilung des Amtes (10. Mai 1976) kann mit Sicherheit nicht als Maßstab für die anderen Verbände dienen, die in organisatorischer Hinsicht und insbesondere finanzmäßig selten so optimal ausgestattet sind wie der zu den größten und bedeutendsten Wirtschaftsverbänden zu rechnende Markenverband[12] (der zumindest in dreien seiner WBRn[13], von denen sich allerdings keine mit Werbung befaßt, die durch § 28 Abs. 2 eröffnete Möglichkeit aufgegriffen hat).

Neben dem Zeitfaktor dürfte aber noch ein anderer Umstand zumindest gleichwertig ursächlich dafür sein, daß in das Register für WBRn beim BKartA nur wenige nicht auch lauterkeitsbezogene WBRn Eingang fanden: Schon die Entwicklung der Praxis zu den Regeln mit Lauterkeitsbezug, wie sie 1957 als Bestandteil des neuen GWB und bis 1973 als allein zulässig in § 28 Abs. 2 a. F. definiert wurden, war von einem vorsichtigen *Abwarten* der Verbände gekennzeichnet. Das änderte sich erst dann schrittweise zugunsten einer praktischen Ausfüllung des gesetzgeberischen Angebots an die Wirtschaft, als mit den ersten behördlichen und gerichtlichen Entscheidungen die neue Vorschrift an Konturen gewann und sich im Lauf der Zeit ihre Brauchbarkeit zum Schutz der wettbewerblichen Lauterkeit erwies. Der Rückblick auf diese Entwicklung, die durch die Tatsache beleuchtet wird, daß in den ersten fünf Jahren nach Inkrafttreten des GWB lediglich zwei Verbände WBRn eintragen ließen[14], veranschaulicht hinreichend die Behutsamkeit, mit der die Fachverbände an die Aufstellung der, was hinzukommt, für einen längeren Zeitraum maßgeblichen Regelwerke herangehen. Daß deren Grundsatzcharakter ohnedies mit einer unter irgendeiner Art zeitlichen Drucks stehenden Konzipierung, die Abstriche an der Gründlichkeit der verbandsinternen Diskussion bedeutete, schwerlich in Einklang zu bringen wäre, liegt gleichfalls auf der Hand.

Zusammenfassend ist demnach festzustellen, daß die, jedenfalls an der Zahl der Registereintragungen gemessen, bislang geringe Resonanz

---

[11] Vgl. die Begründung des Eintragungsbeschlusses des BKartA im MA 1976, S. 208, 210. Mit der Ausarbeitung der WBRn wurde nach *Kroitzsch*, BB 1977, S. 220, 221, allerdings schon 1972 begonnen.

[12] Zur Bedeutung des Markenverbands s. auch die Ausführungen in der Kostenentscheidung des Eintragungsbeschlusses im MA 1976, S. 218.

[13] Die Tatbestände 1 (Anzapfen), 6 (Mondpreise) und 8 (Delkredere) wurden unter dem Gesichtspunkt eines wirksamen leistungsgerechten Wettbewerbs eingetragen; vgl. die Begründung des Eintragungsbeschlusses in MA 1976, S. 208 ff.

[14] Vgl. den entsprechenden Hinweis von *Kellermann*, WuW 1965, S. 551 m. w. Nachw.

der Erweiterung in der Praxis nicht dazu berechtigt, daraus ein Fehlschlagen des gesetzgeberischen Anliegens zu folgern und schon jetzt davon zu sprechen, daß die Verbände der Wirtschaft von der Möglichkeit einer Intensivierung des Gedankens der Leistungsgerechtigkeit im Wettbewerb, insbesondere zur Bekämpfung von leistungsverfälschendem Machtmißbrauch[15] und im mittelständischen Eigeninteresse, keinen Gebrauch machen werden. Die Retrospektive auf § 28 Abs. 2 a. F. dürfte die Unzulässigkeit eines derartigen Junktims zwischen der Zahl der Eintragungen und der künftigen Bedeutung von Leistungsgerechtigkeitsregeln gezeigt haben.

Weiterhin ist festzuhalten, daß auch zwischen dieser noch kleinen Zahl der registrierten WBRn nach § 28 Abs. 2 n. F. und dem Bedürfnis nach einer im Interesse der Mitgliedsunternehmen selbst liegenden außergesetzlichen Selbstordnung zur Beseitigung wettbewerblicher Mißstände keine Verbindung hergestellt werden darf. Denn daß dieses Bedürfnis in der Wirtschaft und auch auf dem Gebiet der Werbung *vorhanden* ist, wird, soweit ersichtlich, von keiner Seite geleugnet. Die Erweiterung ist nicht zuletzt das Resultat mittelständischer Forderungen nach verbesserten Instrumenten, um die Chancen kleiner und mittlerer Unternehmen auf den Märkten wettbewerbskonform, nämlich durch stärkere Betonung des Leistungsgedankens als Alternative zu u. U. weitreichenden staatlichen Interventionen zu ihren Gunsten, zu wahren oder gar zu vergrößern. Erinnert sei hier nur an die *„Gemeinsame Erklärung von Organisationen der gewerblichen Wirtschaft"* vom Oktober 1975[16], die nach Ansicht der beteiligten Verbände besonders gravierende wettbewerbsverzerrende Verhaltensweisen katalogisiert. Darunter befinden sich nicht wenige Tatbestände einer in der „Erklärung" als in diesen Formen den „Leistungswettbewerb" gefährdend apostrophierten *Absatzwerbung*[17].

Wenn also ein echter Bedarf nach einer selbstdisziplinären Reinigung des Wettbewerbs von leistungswidrigen Verhaltensweisen besteht und über die „Gemeinsame Erklärung" hinaus vielfältig dokumentiert ist[18],

---

15 Worauf die Begründung des Regierungsentwurfs (BT-Drucks. VI/2520, S. 34 f.) mit der dort gezogenen Parallele zur Zielrichtung von § 22 (Bekämpfung des Mißbrauchs von Marktmacht) besonders abhebt.

16 Abgedruckt im MA 1975, S. 464 f.

17 So z. B. das Anbieten von Regal-, Schaufenster- oder sonstiger Platzmieten (Punkt 2), Werbekostenzuschüssen (Punkt 3), die Beeinflussung gewerblicher Abnehmer durch Veranstaltung von Reisen oder Preisausschreiben oder Gewinnverlosungen etc. (Punkt 12).

18 So beispielsweise im „Sündenregister" des BMWi (abgedruckt in WRP 1975, S. 24 ff.), das als „notwendige Initiative" (*Gries*, MA 1975, S. 1, 2) begrüßt wurde; vgl. ferner das Referat von *Gries* auf dem Kongreß „Freiheit und Fairneß im Wettbewerb — Chance für einen leistungsfähigen Mittelstand" (München, 18.—20. April 1977) mit dem Titel „WBRn — ungenutzte Chance?", abgedruckt im MA 1977, S. 240 ff.

kann es nur darauf ankommen, ob WBRn mit dem Zielkomplex der „Wirksamkeit eines leistungsgerechten Wettbewerbs" als geeignet angesehen werden können, diesen Bedarf zu erfüllen. Daß das von ihnen jedenfalls teilweise erwartet wird, ist aus den nachgerade optimistischen Kommentaren zur Eintragung der WBRn des *Markenverbands* ablesbar[19].

Die Berechtigung dieser Einschätzung hängt aber, das sollte deutlich werden, wesentlich von der *rechtlichen Konkretisierung* der neuen Begriffe in § 28 Abs. 2 ab. Nur mit ihr wird das Haupthindernis für eine stärkere Nutzung der in jener Norm enthaltenen wettbewerbspolitischen Offerte des Gesetzgebers an die Verbände, die Unsicherheit über das Ausmaß der eingeräumten Chancen, beseitigt werden und die wirtschaftspolitische Bedeutung der §§ 28 ff. den Vorstellungen der Begründung der Novelle gemäß zunehmen können.

4.2. Seitens des BKartA

Das *BKartA* hat zu den WBRn des neuen Typs bislang nur in einigen wenigen Fällen und nicht ausführlich Stellung bezogen.

So deutet es beispielsweise im *TB für 1974*[20] Schwierigkeiten bei der praktischen Anwendung des neugefaßten § 28 Abs. 2 an, die durch die bestehende Unsicherheit bei der Auslegung des unbestimmten Rechtsbegriffs „Leistungswettbewerb"[21] bedingt sein könnten. Bisher könne „weder abstrakt-theoretisch noch praktisch gesagt werden, wo Regeln zur Sicherheit der Wirksamkeit eines leistungsgerechten Wettbewerbs ihre Grenzen finden"[22]. Im *TB für 1975*[23] ist von diesem Auslegungsproblem nicht mehr die Rede. Das BKartA bemerkt lediglich zur Zielsetzung der Neufassung, sie wirke „ebenfalls verstärkt zugunsten kleiner und mittlerer Unternehmen". Und ferner: „Durch WBRn können speziell in Wirtschaftsbereichen, in denen kleinen und mittleren Unternehmen marktstarke Konkurrenten oder auf der Marktgegenseite große Abnehmer oder Lieferanten gegenüberstehen, Verhaltensweisen abgebaut werden, die, ohne unlauter zu sein, den Wettbewerb verzerren und verfälschen." *Kartte*[24] teilt zur Einstellung des Amtes eine illustrative Passage eines Schreibens des BKartA an den *Bundesverband Deutscher Zeitungsverleger (BDZV)* vom 18. Dezember 1973 mit, in dem eine ausgesprochen restriktive Tendenz der Behörde bei

[19] Vgl. *Gries*, MA 1976, S. 205 ff.; *Franzen*, WRP 1976, S. 519, 522 (soweit er die Existenz weiterer Interessenten an WBRn referiert).

[20] BT-Drucks. 7/3791, S. 18.

[21] Gemeint ist wohl „leistungsgerechter Wettbewerb".

[22] BT-Drucks. 7/3791, S. 18.

[23] BT-Drucks. 7/5390, S. 10.

[24] Wettbewerbsregeln und Mittelstandsempfehlungen, S. 68.

der künftigen Bestimmung der Grenzen des Anwendungsbereichs der reformierten Norm anklingt. Eine Entscheidung über das Vorliegen eines der Wirksamkeit des leistungsgerechten Wettbewerbs zuwiderlaufenden Verhaltens werde sich im allgemeinen erst dann treffen lassen, wenn zugleich die Grenzen des lauteren Wettbewerbs überschritten seien.

Im Zusammenhang mit dieser Mitteilung von *Kartte* ist der erste, von *Kartte* als „erste Konzession des BKartA an die neue Fassung des § 28 GWB" bezeichnete *Eintragungsbeschluß* der Behörde nach Inkrafttreten der Zweiten Kartellgesetznovelle von Bedeutung. Er betrifft die WBRn des Adressaten des soeben referierten Schreibens, des *Bundesverbandes Deutscher Zeitungsverleger*[25].

Das BKartA setzt sich darin in erster Linie mit der von ihm für problematisch gehaltenen Regel IV 2 auseinander, die eine Selbstbeschränkung der Mitglieder des BDZV hinsichtlich einer Zwei-Wochen-Frist für die kostenlose Zusendung von Werbeexemplaren enthält. Es war zunächst nicht bereit, dem Antrag auf Eintragung stattzugeben, der in seiner ursprünglichen Fassung eine nur einwöchige Lieferung von Probeexemplaren vorsah. Erst nach zahlreichen Verhandlungen zwischen Behörde und BDZV (allein zwischen Antragstellung und Eintragungsbekanntmachung vergingen mehr als drei Jahre[26]) sah sich das BKartA angesichts des erzielten Ergebnisses dieser Verhandlungen zur Aufnahme der umstrittenen WBR in das Register für WBRn in der Lage. Die Beteiligten hatten sich dahin verständigt, die Regel IV 2 zu ändern: Statt einer ein- wurde eine zweiwöchige Frist vorgesehen und diese gilt nur „in der Regel", kann also sanktionsfrei überschritten werden.

Aus der Begründung des Eintragungsbeschlusses geht hervor, daß das BKartA diese letztgenannte Formulierung in erster Linie unter Lauterkeitsgesichtspunkten wünschte, wenn es ausführt, daß damit kleinen und mittleren Unternehmen die Möglichkeit gelassen werde, „das Werbemittel der kostenlosen Werbelieferung, das eine ausssichtsreiche und für die Verlage im Verhältnis zu anderen Werbemitteln auch relativ billige Werbung darstellt, in einem ihnen erfolgversprechenden zeitlichen Umfang einzusetzen". „Denn bei kleinen und mittleren Verlagen, die mit größeren Verlagen im Wettbewerb stehen", sei „im allgemeinen nicht anzunehmen, daß sie mit Probelieferungen, die über die Frist von zwei Wochen hinausgehen, bereits an die Grenzen zur Unlauterkeit stoßen[27]." Das BKartA prüfte die Eintragungsfähig-

---

[25] BAnz Nr. 97 v. 31. Mai 1975 = WuW 1975, S. 452 ff.

[26] Vgl. die Bekanntmachungsdaten des Eintragungsantrags (BAnz Nr. 231 v. 9. Dez. 1972) und der Eintragung (BAnz Nr. 97 v. 31. Mai 1975).

[27] BKartA TB 1975 (BT-Drucks. 7/5390), S. 78.

keit der WBR also *keineswegs* unter dem Aspekt der vom *BDZV* geltend gemachten schwierigen strukturellen Lage auf dem Markt für Tages- und Wochenzeitungen für kleine und mittlere Verlage, wie es kurz nach der Ergänzung des § 28 Abs. 2 nahegelegen hätte, sondern stellte in seiner Begründung nach wie vor nahezu ausschließlich auf die *Lauterkeit bzw. Unlauterkeit* einer länger als zwei Wochen dauernden Werbelieferung ab. Die gemachte Einschränkung ist deshalb notwendig, weil hilfsweise und geradezu gegen die Argumentation des Antragstellers gerichtet hinzugefügt wird, daß die so auf eine folgenlos übertretbare Grundsatzregel reduzierte Werberegel, indem sie kleinen und mittleren Unternehmen eine Überschreitung erlaube, „die Möglichkeit zu einem vorstoßenden Wettbewerb unter Ausnutzung aller Werbemittel" erhalte, „wodurch diese Regelung auch dem Gesichtspunkt der Förderung eines leistungsgerechten Wettbewerbs" entspreche. Mithin soll nicht die Selbstbeschränkung, sondern die Chance ihres Unterlaufens der Wirksamkeit eines leistungsgerechten Wettbewerbs im Sinne des § 28 Abs. 2 dienlich sein. Soweit *Kartte* die schließlich eingetragene Regel als „Konzession an die Neufassung" versteht, liegt darin ein ausgesprochener Euphemismus. Im Fall der WBR IV 2 des *BDZV* gab die Behörde angesichts des novellierten § 28 keine bisherige Position preis, sondern benutzte den unbestimmten Rechtsbegriff der Wirksamkeit eines leistungsgerechten Wettbewerbs konträr zum Begehren und der Begründung des Antragstellers, um den Beschränkungszweck der ursprünglichen Formulierung fehlschlagen zu lassen. Der BDZV hat sein Ziel, zur Erhaltung kleiner oder mittlerer Verlage beizutragen, insoweit nur in einem sehr geringen Umfang erreicht.

Eine mit dem Anliegen des Antragstellers übereinstimmende Anwendung der Neuregelung durch das BKartA liegt erst seit Eintragung des *ersten Tatbestands* der WBRn des *Markenverbands* („Verhalten bei Anzapfversuchen"[28]) vor. In seinem diesbezüglichen *Eintragungsbeschluß*[29] und in einer *Presseinformation* zur Eintragung der Regeln[30] führt das Amt aus, daß die Wirksamkeit des leistungsgerechten Wettbewerbs gestört werde, wenn sich ein Auftrag nur daraus ergibt, daß ein Markenartikelhersteller neben der Ware noch zusätzliche ohne Gegenleistung bleibende Vorteile gewährt, das heißt sich „anzapfen" läßt[31]. Die besondere Bedeutung dieser Regel liegt in ihrer Adressierung an die *Hersteller*, also an die im Fall des Anzapfens Nachgebenden. Anders als das Anzapfen[32] ist nämlich das Nachgeben auf der

[28] MA 1976, S. 207.
[29] Im MA 1976, S. 208 ff.
[30] Presseinformation Nr. 43/76 v. 19. Mai 1976, in: MA 1976, S. 207.
[31] Vgl. den Tatbestand 1 des Markenverbands, MA 1976, S. 207.
[32] Zur Sittenwidrigkeit des *Anzapfens* OLG Düsseldorf in WUW/E OLG 1373

Herstellerseite, und zwar, wie *Franzen*[33] mit Recht feststellt, *unabhängig* von einer Druckausübung der Händlerseite, die der erste Tatbestand zur Voraussetzung erhebt, in aller Regel nicht unlauter, verstößt jedoch gegen den Grundgedanken der Leistungsgerechtigkeit im Wettbewerb. Diese WBR konnte also, wie das BKartA selbst bemerkt[34], nur aufgrund der *Erweiterung* von § 28 Abs. 2 eingetragen werden.

Hingegen war die Novellierung der Definitionsnorm für die Eintragungsfähigkeit des siebten Tatbestands der WBRn des *Markenverbands* („Mondpreise") nicht von grundlegender Bedeutung, sondern gab neben § 3 UWG nur einen zusätzlichen Grund für die Eintragung ab. Daß das BKartA dennoch auch insofern auf die Neufassung zurückgriff, überrascht gerade im Hinblick auf die im Zusammenhang mit der Eintragung der WBRn des *BDZV* registrierte zurückhaltende, wenn nicht gar von Mißtrauen gegenüber der Ergänzung[35] beherrschte Tendenz der zur *WBR IV 2 des BDZV* gemachten Ausführungen des BKartA. Hier könnte sich ein Wandel bemerkbar machen. Den *Tatbestand 8* („Delkredere") der WBRn des *Markenverbands* hielt das BKartA allein aufgrund der Ergänzung für eintragbar. Die durch eine Deklarierung als Delkredere-Provision verdeckte Gewährung eines Preisnachlasses für den Abnehmer stelle, da eine Risikoentgeltung für eine Interzession mangels Verbindlichkeit eines Dritten in Wirklichkeit nicht infrage komme, „eine der Wirksamkeit des leistungsgerechten Wettbewerbs zuwiderlaufende Handhabung dar". Es ist das Fehlen einer Gegenleistung des Abnehmers, das nach Ansicht der Kartellbehörde dieses Verhalten des Herstellers als nicht leistungsgerecht erscheinen läßt. Der *Schwerpunkt* des Verstoßes gegen das Prinzip der leistungsgerechten Konkurrenz wird von ihr demnach auf der ohne eigene Anstrengungen, ohne Leistung, Vorteile erhaltenden Marktgegenseite, beim empfangenden Händler also, gesehen. *Tatbestand 8* richtet sich folglich gegen Störungen der Wirksamkeit eines leistungsgerechten *Nachfragewettbewerbs*, was sich aus der insofern nicht differenzierenden knappen Begründung des Eintragungsbeschlusses nicht sofort erschließt.

Soweit die in zwei Fällen veröffentlichten oder auf andere Weise bekanntgewordenen Begründungen für Eintragungsbeschlüsse des BKartA Passagen enthalten, die die Einstellung des Amtes gegenüber der Neuregelung erkennen lassen, kann ihnen nicht mehr als die Andeutung der Tendenz entnommen werden, in der die Behörde künftig

(— *Regalkosten* —); OLG Frankfurt in WuW/E OLG 1589 (— *Eintrittsgelder* —).

[33] WRP 1976, S. 519, 520.

[34] In der zit. Presseinformation Nr. 43/76 (MA 1976, S. 208).

[35] Vgl. *Kartte*, Wettbewerbsregeln und Mittelstandsempfehlungen, S. 68 o.

hinsichtlich ihres Eintragungsermessens verfahren wird. Lediglich aus dem Verhalten des Amtes im Fall der *WBR IV 2 des BDZV* und der danach erfolgten mehrmaligen Anwendung der Ergänzung könnte, mit dem Vorbehalt großer Unsicherheit, eine verringerte Skepsis innerhalb des BKartA herausgelesen werden. Über den Bereich der Spekulation hinausgehende Resultate werden sich erst dann gewinnen lassen, wenn weitere Eintragungsbeschlüsse publiziert worden sind, in deren Begründungen das Amt seine Auffassung über die Eintragungsfähigkeit der jeweiligen konkreten WBRn breiter dokumentiert und damit einer gründlichen Diskussion besser zugänglich macht[36].

4.3. Nach Inkrafttreten der Novelle am 4. Aug. 1973 registrierte leistungsbezogene Werberegeln

Nur einige wenige der nach dem 4. August 1973 von den Kartellbehörden eingetragenen Werberegeln wurden ausdrücklich aufgrund der Neuformulierung von § 28 Abs. 2 in die Register für WBRn aufgenommen. Neben der schon erwähnten[37] *Regel IV 2 des BDZV* über den Zeitraum für Probelieferungen handelt es sich dabei um die WBR Art. 3 Ziff. 5 des Landesverbands der Hessischen Kraftfahrlehrer[38] sowie um § 21 Abs. 2 der „Richtlinien für die wissenschaftliche Information und für die Arzneimittelwerbung" des Bundesverbands der Pharmazeutischen Industrie[39].

Art. 3 Ziff. 5 der WBRn der *Hessischen Kraftfahrlehrer* untersagt es, Flugblätter zu verteilen und Hauswurfsendungen durchzuführen, spricht also ein *Verbot* zweier Werbemittel aus. Die Präambel bezeichnet den Schutz des „gesunden Leistungswettbewerbs" als Ziel der Regeln, so daß darin eine, wenn auch sehr unklar zum Ausdruck gebrachte, Bezugnahme auf die *Wirksamkeit eines leistungsgerechten Wettbewerbs* gesehen werden kann.

Schon bei Zugrundelegung der hier erarbeiteten *allgemeinen* Richtlinien für die Auslegung des neuen Rechtsbegriffs ist indes nicht er-

---

[36] Die funktional geprägte Definition leistungsfremden Wettbewerbsverhaltens, die das BKartA in seinem TB für 1977 (BT-Drucks. 8/1925, S. 35) formuliert hat (vgl. o. 3.2.), würde erst bei ihrer konkreten *Anwendung* in der Begründung eines Eintragungsbeschlusses die Qualität einer Basis für Prognosen der kartellbehördlichen Ermessenshandhabung erhalten. Sie ändert mithin nichts an der insoweit bestehenden Unsicherheit.

[37] 4.2.

[38] Text im BAnz Nr. 96 v. 25. Mai 1974. Art. 3 Ziff. 5 lautet: „(Der Fahrlehrer hat es zu unterlassen ...) 5. eine gegen die guten Sitten verstoßende und Berufsauffassungen der pflichtbewußten Fahrlehrer nicht entsprechende oder marktschreierische Reklame, sowie Flugblatt- und Hauswurfsendungen zu betreiben."

[39] Text in WuW 1972, S. 166 und (Ergänzungen) im BAnz Nr. 219 v. 26. Nov. 1974.

kennbar, inwiefern die Effizienz der marktleistungsgerechten Einkommenssteuerung durch die verbotenen Werbemethoden beeinträchtigt werden könnte. Flugblattverteilung und Hauswurfsendungen sind zumindest nicht *per se* geeignet, Leistungsvergleiche des Publikums zu erschweren, sondern vermögen ihm im Gegenteil bei entsprechender Gestaltung Informationen über Preise und Ausbildungsbedingungen zu verschaffen, die Vergleiche ermöglichen und anregen. Gegenstand einer Verbotsregel hätten daher richtigerweise allenfalls gewisse konkret beschriebene inhaltliche *Aussagen* auf Werbezetteln und dergleichen sein können. Ein derart genereller Verzicht auf den Einsatz üblicher Werbemittel steht mit der Funktionsfähigkeit des Wettbewerbs unter den hessischen Fahrschulen in keinem positiven Zusammenhang, sondern *beschränkt* ihn vielmehr in einer nicht zu billigenden Weise. Der Verdacht drängt sich auf, daß aus betriebsökonomischen oder anderen Gründen unter dem Vorwand der Bekämpfung dysfunktionalen Wettbewerbsverhaltens „Abwehrmaßnahmen ergriffen wurden, wo es gar nichts abzuwehren gilt (*Schmiedel*)“[40]. Es hat mithin den Anschein, als ob die Werbebeschränkung des Art. 3 Ziff. 5 der *Hessischen Kraftfahrlehrer* den ersten Fall eines *Mißbrauchs* der neu eröffneten Möglichkeiten des § 28 Abs. 2 darstellte[41].

Das gilt mit Sicherheit nicht für die Werberegel § 21 Abs. 2 der genannten *Richtlinien* des *Bundesverbands der Pharmazeutischen Industrie*. Das Verbot der Werbung mit Gratisverlosungen oder anderen zufallsabhängigen Gewinnvorteilen bei Apotheken wurde nach einer Verlautbarung des BKartA jedenfalls[42] auch deshalb eingetragen, weil es der „Förderung des Leistungswettbewerbs“ diene. Der Verzicht ist Teil einer in den Richtlinien verwirklichten Option zugunsten einer sachlich-informativen Tendenz in der Pharmawerbung, die staatlicherseits bereits in den Normen des *Heilmittelwerbegesetzes*[43] vorgezeichnet ist. Gewinnverlosungen und dergleichen sind, allgemein formuliert, kein Mittel der Werbung mit der Leistung der Hersteller, sie weisen vielmehr keinen Leistungsbezug auf und erleichtern den Marktdatenvergleich in keiner Weise. Bewirken sie Kaufentschlüsse, führen sie im Ergebnis folglich zu einem nicht leistungsgerechten Vorteil des betreffenden Unternehmens.

---

[40] WuW 1975, S. 743, 750.

[41] Bezeichnenderweise fehlt ein Verbot von Flugblättern oder Hauswurfsendungen und dgl. in dem ansonsten gleichlautenden Art. 3 Ziff. 5 der WBRn des Landesverbands der Fahrlehrer von Baden-Württemberg e. V. (BAnz Nr. 219 v. 20. Nov. 1976, S. 2).

[42] Aus einer Presseinformation des BKartA vom 23. Okt. 1974 (WuW 1975, S. 24 f.) geht hervor, daß dem Eintragungsantrag auch deshalb stattgegeben wurde, weil „die Neufassung der Regeln im Sinne des § 28 Abs. 2 GWB der Förderung des Leistungswettbewerbs dient“.

[43] BGBl. 1 1965, S. 604.

§ 21 Abs. 2 verkörpert demnach das bislang *einzige* legale Beispiel für eine Leistungsgerechtigkeitsregel auf dem Gebiet der Absatzwerbung. Es könnte allerdings wegen der allgemeinen Bedeutung der darin für unzulässig erklärten Verlosungen in der Werbepraxis den Ausgangspunkt für Regeln anderer Verbände markieren und insofern Modellcharakter erlangen[44].

[44] Diese Vermutung wird bestätigt durch die WBR § 3 Abs. 2 Nr. 1 des *Deutschen Brauer-Bundes* (Text im BAnz Nr. 37 v. 23. Feb. 1977, S. 4, eingetragen lt. Presseinformation Nr. 48/77 des BKartA v. 9. Nov. 1977, abgedruckt in WuW 1978, S. 38).

5. Absatzwerbung und die Wirksamkeit des leistungsgerechten Wettbewerbs

Im Mittelpunkt der folgenden Ausführungen sollen WBRn über *Werbung* stehen. Diese thematische Auswahl erfolgte in erster Linie unter dem Gesichtspunkt des exemplarischen Charakters und der großen und noch zunehmenden Bedeutung dieser WBRn in der bisherigen Geschichte dieses Rechtsinstituts[1]. Darüber hinaus ist die Problematik der Werbung als eines kartellrechtlich beachtlichen Wettbewerbsparameters bisher nur ungenügend theoretisch aufgearbeitet worden, so daß die sich bietende Gelegenheit ergriffen werden soll, den Versuch einer weiteren Klärung der Rolle von WBRn als Regulative der Werbung mit der — insoweit teilweise präjudiziellen — Untersuchung zu verbinden, inwieweit diese Art der Absatzförderung „Wettbewerb" im Sinne des GWB ist und ihm deshalb subsumiert werden muß.

5.1. Absatzwerbung und Wettbewerb

WBRn über Absatzwerbung müssen nach § 28 Abs. 2 als WBRn im Sinne dieser gesetzlichen Definition „das Verhalten von Unternehmen im Wettbewerb regeln". Die Absatzwerbung muß also ein *wettbewerbliches* Verhalten der Unternehmen im Sinne des GWB darstellen.

Die kartellrechtliche Rolle der Werbung hat, im Vergleich zu ihrer volkswirtschaftlichen Bedeutung, bisher wenig Aufmerksamkeit gefunden. Die, soweit erkennbar, beiden wichtigsten juristischen Deutungsversuche, die Arbeiten von *Müller-Henneberg*[2] (1962) und *Halbey*[3] (1967), liegen schon einige Zeit zurück. Sie konzentrieren sich auf den in kartellrechtlicher Sicht naturgemäß im Vordergrund stehenden Werbeverzicht und seine Zulässigkeit in Hinblick auf § 1.

Die Problematik Werbebeschränkungen enthaltender WBRn wird im übrigen nur bei *Halbey*[4] angedeutet. Sie ist durch die Ergänzung von § 28 Abs. 2 inzwischen jedoch so verändert worden, daß selbst dieser Hinweis von *Halbey*[5] auf das (1967) „durchaus noch offene Problem

---

[1] Vgl. schon den *TB des BKartA für 1959*, S. 49 (3. Wahlperiode des Deutschen Bundestags, Drucks. 1975); ferner die Übersicht bei *Franzen*, GK § 28 Anm. 1.

[2] WuW 1962, S. 723.

[3] WRP 1967, S. 77.

[4] WRP 1967, S. 80.

der *Werbebeschränkung durch WBRn* zur Förderung des Leistungswettbewerbs" über die *heutige* Untersuchungssituation nichts mehr aussagt.

Hingegen läßt sich die wissenschaftliche Diskussion der Erlaubtheit oder Unzulässigkeit des Werbeverzichts auch heute noch für die Beantwortung der allgemeineren Frage der Klassifizierbarkeit der Absatzwerbung als *im GWB geschützter Wettbewerb* fruchtbar machen, denn wenn Werbebeschränkungen dem Kartellverbot des § 1 unterliegen, handelt es sich bei der Werbung eo ipso um Wettbewerb im Sinne des GWB. Außer Betracht bleiben muß dabei der gesamte Komplex der *unlauteren* Werbung, und zwar nicht nur mit Rücksicht auf die hier behandelte Art der auf die Wirksamkeit des leistungsgerechten Wettbewerbs als Schutzobjekt bezogenen WBRn, sondern primär aufgrund des heute mehrheitlich akzeptierten Satzes, daß das GWB allein den lauteren Wettbewerb vor Beschränkungen schützt[6]. Ausschließlich der Verzicht auf *lautere* Werbung ist deshalb daraufhin zu untersuchen, ob auf ihn § 1 angewendet werden muß oder er, und damit Werbung generell, kartellrechtlich irrelevant, d. h. die Existenz eines „Werbungswettbewerbs" zu verneinen ist.

Die in dieser Form präzisierte Frage ist in der höchstrichterlichen Rechtsprechung[7] und überwiegend auch in der Literatur[8] im positiven Sinne entschieden worden: Absatzwerbung repräsentiert einen Teilbereich des im GWB vor Beschränkungen geschützten Wettbewerbs. Dieses, immerhin zur Auffassung des Kammergerichts im Fall *„Export* ohne WBS"[9] in Widerspruch stehende Ergebnis ist allerdings vom BGH

---

[5] WRP 1967, S. 80.

[6] Vgl. dazu die Nachweise bei *Sack*, GRUR 1975, S. 297, 298, dort Fn. 8. Die Gegenansicht, z. B. *Böx*, S. 81 ff.; *Wolf*, S. 87 ff., vernachlässigt den Gesichtspunkt der Einheit der Rechtsordnung. Was das UWG untersagt, unterfällt nicht dem Schutzbereich anderer Gesetze wie des GWB. Daß dies nicht — als Wiederholung — aus der tatbestandlichen Formulierung von § 1 hervorgeht, hat seine Ursache in der Evidenz dieser Aussage (was *Wolf*, S. 88 übersieht), wie sie z. B. in der unproblematisierten knappen Erwähnung in der Begründung des Regierungsentwurfs des GWB (GK 1. Aufl., S. 1076 lk. Sp.) zum Ausdruck gelangt. Vgl. ferner aus der Rechtsprechung BGH JZ 1962, S. 363, 364 mit zust. Anm. von *Hefermehl* (S. 364). Überzeugend auch das Argument von *Gleiss / Hootz* (NJW 1962, S. 391 f.): „Verbietet ein Gesetz Wettbewerbshandlungen, so ist der Wettbewerb bereits hierdurch rechtlich beschränkt. Das zusätzliche vertragliche Verbot wiederholt nur, was ohnehin rechtens ist, wirkt also nur deklaratorisch."

[7] BGH WuW/E 451 = JZ 1962, S. 363 f. mit Anm. von *Hefermehl*. Interessant ist in diesem Zusammenhang auch LG Dortmund, WuW/E LG/AG 338 (*„Taxi-Funkzentrale"*).

[8] *Halbey* WRP 1967, S. 77; *Hefermehl* in seiner Anm. zu BGH JZ 1962, S. 363 (364); ferner aus der Zeit der alliierten Dekartellierungsgesetze *Benkkendorff*, GRUR 1952, S. 4 und grundsätzlich auch *Gleiss*, MA 1953, S. 686; a. A. *Müller-Henneberg* WuW 1962, S. 723 ff. und im GK § 1 Anm. 23.

[9] BGH WuW/E 451 = JZ 1962, S. 363.

relativiert worden. „Je nach *Lage des Falles*“ könnten „Verträge und Beschlüsse über Beschränkungen der Werbung, die nicht lediglich den unlauteren oder sonstwie gesetzwidrigen Wettbewerb betreffen... eine den Markt beeinflussende und deshalb gegen § 1 GWB verstoßende Beschränkung des Wettbewerbs darstellen[10].“ Und: „Die Anwendbarkeit des § 1 GWB auf Tatbestände, die die Werbung im allgemeinen oder einzelne Werbemaßnahmen“ beträfen, so der BGH, könne *„jedenfalls nicht schlechthin* verneint werden“[11].

Um eine dem Zweck größerer Klarheit über das Verhältnis von Werbung und Wettbewerb wenig dienliche Fall-zu-Fall-Betrachtung zu vermeiden, ist es deshalb erforderlich, die unter § 1 fallenden Tatbestände einer Werbebeschränkung zu systematisieren. Dies bedingt, nachdem der Begriff der Werbung schon früher[12] präzisiert wurde, daß nun auch das hier zugrunde gelegte Verständnis des Wettbewerbs im Sinne von § 1 verdeutlicht werden muß. Dabei soll allerdings nicht versucht werden, die sehr *heterogenen*[13] bisherigen Ergebnisse der Diskussion des Wettbewerbsbegriffs um eine eigene Definition zu erweitern. Als geeigneter Ansatzunkt, die notwendige Klarheit zu schaffen, kommt vielmehr in Frage, die vorgefundenen Definitionen in der Weise zu vergleichen, daß Werbung als ihr *tertium comparationis*, als ein von ihnen erfaßtes unternehmerisches Verhalten, eingesetzt wird. Ergibt eine derartige *Anwendungsprobe* der wichtigsten Definitionen, daß sie auf die Werbung zutreffen, erübrigt es sich eo ipso zu entscheiden, wie begründet sie im einzelnen sind und insbesondere, ob Wettbewerb letztlich nicht doch nach der bekannten Aussage des BT-Ausschusses für Wirtschaftspolitik anläßlich der Verabschiedung des „Regierungsentwurfs eines GWB“ (zumindest) als Rechtsbegriff *indefinibel* ist, weshalb eine Legaldefinition nicht versucht wurde[14].

5.1.1. Absatzwerbung als Wettbewerbshandlung

Einigkeit[15] besteht insofern darüber, daß diejenigen Handlungen eines Unternehmens *Wettbewerbs*handlungen[16] sind, die (a) geprägt sind von

---

[10] BGH JZ 1962, S. 363, 364.

[11] BGH JZ 1962, S. 364.

[12] 1.3.

[13] Dazu *Hoppmann*, Zum Schutzobjekt des GWB, S. 63, *dort* Fn. 2.

[14] Vgl. den Schriftlichen Bericht des Ausschusses für Wirtschaftspolitik über den Entwurf eines Gesetzes gegen Wettbewerbsbeschränkungen, zu BT-Drucks. 3644, 2. Wahlperiode, Teil E, III („Bemerkungen zu einigen Rechtsdefinitionen“), im GK, 1. Aufl., S. 1172 ff.

[15] Vgl. die Definitionen von *Meyer-Cording*, WuW 1962, S. 462; *Benisch*, WuW 1960, S. 844; *Borchardt / Fikentscher*, Wettbewerb, Wettbewerbsbeschränkung, Marktbeherrschung, S. 15; ebenso, wenn auch abweichend auf das Nachfragerverhalten abstellend, *Knöpfle*, Der Rechtsbegriff „Wettbewerb“ und die Realität des Wirtschaftslebens, S. 222.

einer Rivalität gegenüber anderen Unternehmen („Konkurrenz“) und (b) die Verhältnisse auf dem jeweiligen Absatzmarkt potentiell dadurch verändern können, daß diese Verhaltensweisen an die Bezugsobjekte dieser Rivalität, die Nachfrager, gerichtet sind.

Diese beiden Elementarbestandteile aller Wettbewerbsdefinitionen, *Rivalität* und *Nachfragerbezogenheit* bestimmter Verhaltensweisen der Unternehmen, sind nun aber im Fall der Absatzwerbung so deutlich feststellbar wie bei kaum einem zweiten Aktionsparameter, sie sind für die Werbung geradezu von *existentieller* Bedeutung. Ohne daß andere Unternehmen den angestrebten eigenen Absatzerfolg gleichfalls erzielen und ihn — u. a. mit Hilfe von Werbung — schmälern wollen, und ohne daß dieser Bedrohung des eigenen Erfolgs deshalb notwendig entgegengetreten werden muß, wäre Werbung nicht denkbar. Werbung ist *schlechthin* Ausdruck der Rivalität der Anbieter und sie spielt sich wie keine andere Form derart bedingter Handlungen *markt*bezogen ab, indem sie auf potentielle Nachfrager abzielt, um sie als Kunden zu gewinnen. Absatzwerbung ist der am stärksten nachfragerorientierte, auf sie abgestimmte Teil der Verkaufsstrategie als Bestandteil der Absatzplanung. Sie ist mit anderen Worten ein *klassisches* Wettbewerbsmittel.

Diese Mittelfunktion provozierte allerdings in der Literatur eine Fragestellung, die sich am ausgeprägtesten in einer vielbeachteten Arbeit *Müller-Hennebergs*[17] findet: Werbung sei ihrer Natur nach nur akzessorisch, nicht *mit* ihr, sondern *mit ihrer Hilfe* werde Wettbewerb betrieben. Die „Verteilung von Vor- und Nachteilen auf die *beiden* Marktseiten“, werde durch sie nicht berührt, nur dem Werbenden fließe bei erfolgreicher Werbung ein Vorteil zu, während sich seine Werbung für den Adressaten und tatsächlichen Abnehmer mit Ausnahme der sog. Wertwerbung in keiner Weise vorteilhaft auswirke. Vorteilig könne allein der, wenn auch durch sie bedingte, Geschäftsabschluß für den Kunden sein[18].

Der *BGH*[19] hat diese Auffassung von *Müller-Henneberg* als *zu eng* bezeichnet, ohne dies allerdings näher zu erläutern. Ihm ist nicht nur

---

[16] Auf eine ansonsten durchaus berechtigte terminologische Differenzierung zwischen Wettbewerb i. S. v. Wettbewerbsverhältnis (eines Unternehmens zu anderen) einerseits und Wettbewerbshandlung andererseits, wie sie insbesondere *Sandrock*, Grundbegriffe des GWB, S. 73 ff., vertritt kann hier verzichtet werden, da Wettbewerbshandlungen, wie *Sandrock* (S. 75) zu Recht bemerkt, nur solche Unternehmen vornehmen können, die sich zugleich in einem Wettbewerbsverhältnis zu anderen Unternehmen befinden.

[17] Verzicht auf Werbung — Gemeinschaftswerbung — Gütezeichengemeinschaft in kartellrechtlicher Sicht, WuW 1962, S. 723.

[18] *Müller-Henneberg*, WuW 1962, S. 726 f. und S. 729 (zur Ausnahme der Wertwerbung).

[19] BGH JZ 1962, S. 363, 364 (zu *Müller-Henneberg*, GK, 1. Aufl., Anm. 23).

für den von ihm entschiedenen Fall, in dessen Zusammenhang er die Ansicht *Müller-Hennebergs* erwähnt, sondern ganz allgemein beizupflichten. *Zu eng* ist dabei von *Müller-Henneberg* letztlich nicht die Funktion der Werbung gesehen worden („Akzessorietät"), sondern ausschlaggebend für sein Ergebnis ist sein vorgeordneter eigener *Begriff der Wettbewerbshandlung* und der *Beschränkung der Freiheit, sie vorzunehmen.*

Er versteht darunter die Zuwendung von Vorteilen für die Marktgegenseite (Wettbewerbshandlung) und die Freiheit des Wettbewerbs ist für ihn demzufolge die Entscheidungsfreiheit, *welche* Vorteile zugewendet werden sollen. Offenbar ist für ihn, wenn das auch nicht völlig deutlich wird, der Hauptgrund seiner Annahme, daß Wettbewerb den Güteraustausch als Essenz seiner volkswirtschaftlichen Nützlichkeit besser als andere wirtschaftspolitische Rahmenbedingungen gewährleistet. Er stellt diesen Güteraustausch oder, allgemeiner, die gegenseitige Vorteilsgewährung, deshalb in den Vordergrund seines Verständnisses von § 1, so daß, auf der Grundlage seiner Ansicht, der Tatbestand dieser Vorschrift überhaupt nur dann vorliegen kann, wenn eine solche gegenseitige Vorteilsgewährung in Frage steht[20].

Eine solchermaßen eingeschränkte, von volkswirtschaftlichen Nutzenvorstellungen bestimmte Interpretation der *ratio legis* des Schutzes von Wettbewerbsfreiheit widerspricht jedoch der ganz überwiegend vertretenen und auch hier[21] geäußerten Ansicht, daß der *Normzweck* von § 1 nicht allein darin besteht, die als vorteilhaft anerkannten volkswirtschaftlichen Effekte des Wettbewerbs zu erhalten, sondern auch darin, seine Systemvorteile für die Wahrung der privatautonomen Struktur unserer Gesellschaftsordnung zu gewährleisten *(Dichotomie-Hypothese). Müller-Henneberg* läßt diese Vernachlässigung der *zweiten* Normzweckkomponente des Verbots wettbewerbsbeschränkender Absprachen deutlich erkennen, wenn er sich in der Normzweck-Diskussion *Benisch*[22] anschließt, der sich wiederum die These *Würdingers*[23] von der Dominanz ökonomischer Vorteile des Wettbewerbs als Schutzgrund zu eigen gemacht hat.

Absatzwerbung ist nun ganz sicher eine eminent wichtige Form der individuellen wirtschaftlichen Betätigung und ihre Beschränkung engt die Freiheit ein, die § 1 und der geschützte Wettbewerb generell erhalten sollen, nämlich die Freiheit der Wirtschaftenden, ungehindert durch Auswirkungen privater wettbewerbsfeindlich eingesetzter Über-

---

[20] Dazu noch sogleich.

[21] Vgl. o. 2.2. bei Fn. 38.

[22] *Müller-Henneberg,* WuW 1962, S. 726, zitiert *Benisch,* WuW 1961, S. 767, in einer Fußnote (dort Fn. 14).

[23] WuW 1953, S. 721, 726.

macht ihrer Konkurrenten die Chancen privatautonomer Geschäftsabschlüsse wahrzunehmen. Daß diese Freiheit auch die Wahl von rechtmäßigen Wettbewerbsmitteln und damit auch eine Entscheidung für Formen der Absatzwerbung und daher mehr als nur die Möglichkeit umfassen muß, mit welchen Gütern und Dienstleistungen konkurriert werden kann, ist unter diesem Gesichtspunkt eine zwingende Folgerung. Die Klassifizierung von Werbebeschränkungen als Wettbewerbsbeschränkungen (wobei die Frage ihrer *Markterheblichkeit* ein anderes Problem darstellt) ist mit anderen Worten lediglich eine Emanation der Dichotomie-Hypothese, die nach der mehrheitlich und hier ebenfalls befürworteten Auslegung von § 1 den Charakter einer von der Wettbewerbstheorie aufgestellten bloßen Hypothese infolge der ergangenen gesetzgeberischen Entscheidung verloren und als Normzweck von Rechts wegen Verbindlichkeit erlangt hat.

Der Auffassung von *Müller-Henneberg,* Werbemaßnahmen seien vom Standpunkt des GWB aus als wettbewerbsindifferent zu beurteilen, muß aber noch aus einem *anderen* Grund entgegengetreten werden. Die seines Erachtens von § 1 allein geschützte Freiheit des Austauschs für den jeweiligen Marktpartner wirtschaftlich vorteilhafter Leistungen wird, wie erwähnt, von *Müller-Henneberg* eingeengt auf den Absatz von Gütern und Dienstleistungen. Wirtschaftliche Vorteile seien zwar die mögliche *Folge* von Werbung, Werbung selbst habe aber für ihren Adressaten, den Geschäftspartner, keinen ökonomischen Nutzen, sie vermittle nur eventuell vorteilhafte Geschäftsabschlüsse.

Bei dieser Betrachtungsweise der Werbung *erschöpft* sich ihre Funktion in der einer Mittlerin tatsächlich *abgeschlossener* Geschäfte. Diese Verabsolutierung ist indessen nicht gerechtfertigt, und zwar gerade dann nicht, wenn die Erlangung individueller Vorteile als Wettbewerbseffekt betont wird. Mehr Vorteile, als es *ohne* die Existenz von Konkurrenten möglich wäre (*Müller-Henneberg*)[24], erhält ein Geschäftspartner vielmehr auch im Fall einer an ihn gerichteten Werbemaßnahme, wenn diese konkurrenzbedingt vorgenommen wurde und *als solche* für ihn wirtschaftlich vorteilhaft ist.

Die *Konkurrenzbedingtheit* der Werbung ist dabei unproblematisch. Das Vorhandensein potentieller Konkurrenten ist, abgesehen von den wenigen Fällen echter „Konkurrenzlosigkeit" der Absatzobjekte conditio sine qua non für unternehmerische Werbung.

Bei weitem weniger evident ist die Richtigkeit der behaupteten ökonomischen Vorteilhaftigkeit für die Werbeadressaten. *Müller-Henneberg*[25] bestreitet einen derartigen Werbeeffekt zugunsten der Nach-

---

[24] WuW 1962, S. 726 a. E.

[25] WuW 1962, S. 726.

frageseite grundsätzlich und will allein die Werbung mit wirtschaftlichen Werten (Warenproben, Geschenkwerbung etc.) davon ausnehmen[26]. Die Ausnahmestellung, die er der sog. *Wertwerbung* einräumt, läßt deutlich erkennen, daß *Müller-Henneberg* den Begriff der wirtschaftlichen Vorteilhaftigkeit durch das Erfordernis der *Gegenständlichkeit,* wenn nicht gar des wirtschaftlichen Tauschwerts, gekennzeichnet sieht.

Gegen eine derartige begriffliche Einengung hat sich unter Hinweis auf die sog. *Informationsfunktion* der Werbung bereits *Schmidt-George*[27] gewandt. Ihm ist insofern beizupflichten, als der Informationswert einer Werbung per se wirtschaftlich wertvoll sein *kann.* Die Chance einer zu einem günstigen Geschäftsabschluß führenden Kontaktaufnahme mit einem Anbieter ergibt sich häufig erst aufgrund einer entsprechenden Werbung.

Nicht geteilt werden kann allerdings die Ansicht von *Schmidt-George*[28], selbst die in jeder Werbung enthaltene Mitteilung über die Existenz des werbenden Anbieters und auch die Erinnerung an ursprünglich subjektiv präsente Anbieter sei für den Werbeadressaten wirtschaftlich wertvoll. Dieser Auffassung liegt offenbar nicht nur ein sehr weit gezogener Begriff der Information zugrunde. Sie übersieht vor allem, daß Informationen nicht schlechthin wertvoll sind, sondern ihren Wert erst in einem Informationsverarbeitungsprozeß gewinnen, dessen Resultate nur dann nützlich genannt werden können, wenn sie die Orientierung in der Fülle der in Betracht kommenden Handlungsalternativen subjektiv erleichtern. Von *wirtschaftlich* wertvollen Informationen kann erst gesprochen werden, wenn ein Mehr an Orientierung unter wirtschaftlichen Fakten, insbesondere Marktdaten, *objektiv* erreicht werden kann, kurz, wenn eine wirtschaftlich vernünftige Angebotsauswahl nicht unwesentlich erleichtert wird.

Die bloße *Bekanntgabe* eines Angebots ohne weitere Erläuterung seiner Bedingungen dürfte im allgemeinen schon nach diesen grundlegenden Kriterien für den umworbenen Nachfrager keinen nennenswerten Vorteil wirtschaftlicher Art mit sich bringen. Die subjektive Präsenz oder, um einen werbepsychologischen Ausdruck zu benutzen, die sog. *Marktgegenwärtigkeit*[29] eines Gutes erfordert mehr als nur diese Information. Sie verlangt vor allem noch zusätzliche Hinweise auf so wichtige Marktdaten wie Preis und Qualität, wenn sie eine verwertbare Basis

[26] WuW 1962, S. 729.

[27] Der Einfluß des Gesetzes gegen Wettbewerbsbeschränkungen auf die Bestimmung der guten Sitten im Wettbewerb, Diss. iur. Frankfurt a. M., S. 99 f.

[28] S. 99 f.

[29] Dazu *Spiegel,* Werbewissenschaftliches Referatenblatt 3 (1965), S. 35; *Sacherl,* ZfbB N. F. Bd. 18 (1966), S. 339, 344.

für einen nachfolgenden Entschluß zur geschäftlichen Kontaktaufnahme abgeben soll. Werbung, die sich auf die Nachricht beschränkt, ein Gut sei von einem bestimmten Unternehmen auf den Markt gebracht worden, ist als Information regelmäßig zu fragmentarisch, um *wirtschaftlich* informativ zu sein.

Gravierender ist aber, daß *Schmidt-George* die Zielgerichtetheit werblicher Information vernachlässigt und insbesondere die unbedingt erforderliche Unterscheidung[30] zwischen *Marktgegenwärtigkeit* und *Markttransparenz* im Sinne subjektiver Marktübersicht außer acht läßt. Werbung zielt in den allermeisten Fällen darauf ab, die Alternativität in einer Güter- oder Dienstleistungskategorie zugunsten einer Ausschließlichkeit der Entscheidung des Umworbenen für das Werbeobjekt aus dessen Entscheidungsprozeß zu verdrängen. Sie ist, wie *Sacherl*[31] aus psychologischer Sicht hervorhebt, darauf angelegt, informative Bezüge zum Marktganzen zu unterdrücken. Informationen werden daher in aller Regel *einseitig*, den Interessen des Werbenden gemäß, so ausgewählt und vermittelt, daß mit ihnen der Informationsstand über die alternativ in Frage kommenden Angebote, die Markttransparenz, nicht erhöht, sondern vorrangig eine Präferenz für den Gegenstand der jeweiligen Werbung erzeugt werden soll[32]. Psychologisch gesehen, will Werbung grundsätzlich weniger informieren als vielmehr *motivieren*. Informationen sind für Werbende primär Instrumente der Motivation und werden dementsprechend ausgewählt und emittiert[33]. Eine durch werbliche Information erhöhte Marktübersicht der Nachfrager ist deshalb lediglich ein den Trägern der jeweiligen informativen Werbung nicht selten unerwünschter *Reflex ihrer* Motivierungsbemühungen. Diese Reflexerscheinung hieße es überbewerten, wenn bereits der elementaren Mitteilung von Hersteller- oder Produktbezeichnungen stets ein Nutzwert für die Nachfrager zugeschrieben würde.

All dies muß dazu führen, von einer undifferenzierten Einstufung der Werbung als — zumindest wegen einer in ihr enthaltenen Nennung von Hersteller-, Händler- oder Produktname — informativ abzusehen. Die ökonomische Verwertbarkeit von Werbung im Nachfragerinteresse ist, daran ist festzuhalten, an den Informationsgehalt der einzelnen

---

[30] Besonders deutlich wird diese notwendige Differenzierung in der werbepsychologischen Terminologie, die das bloße Wissen um die Existenz eines Meinungsgegenstands bei den Personen eines sozialen Felds als *Feldtransparenz* im Gegensatz zu der hier maßgeblichen *Markttransparenz* (Kenntnis auch der wichtigeren Details) definiert, vgl. *Spiegel*, Die Struktur der Meinungsverteilung im sozialen Feld, S. 56, dort. Fn. 1.

[31] ZfbF 1966, S. 345.

[32] Zur Tendenz zur einseitig positiven Unterrichtung im Rahmen der Absatzpolitik *Raffée*, Konsumenteninformation und Beschaffungsentscheidung des privaten Haushalts, S. 105 f.

[33] *Sacherl*, ZfbF 1966, S. 345.

Werbung gekoppelt. Jedoch kann eine ins Gewicht fallende Informationsfunktion nicht ausnahmslos (wie von *Schmidt-George)* jeder Werbung zugeschrieben werden. Es kommt vielmehr auf den Einzelfall an.

Das bedeutet andererseits aber auch, daß die wirtschaftliche Vorteilhaftigkeit von Werbemaßnahmen auch über die sog. Wertwerbung hinaus entgegen Müller-Henneberg nicht generell verneint werden kann. Werbung kann durchaus, um einen Satz *Röpkes*[34] zu modifizieren, wenn sie „dem Anbieter den Weg zum Tauschpartner bahnt", den Nachfrager im Ziel dieses Wegs auch zu den von ihm erreichbaren wirtschaftlich-materiellen Vorteilen führen. Sie kann mithin für Werbende *und* Umworbene die Relevanz der ökonomischen Nützlichkeit erhalten.

Positive ökonomische Wirkungen der Werbung beschränken sich, so das Fazit, nicht notwendig auf den werbenden Anbieter, sondern können, in Abhängigkeit von der individuellen Gestaltung der Werbemaßnahmen, über gewinnbringende geschäftliche Kontakte hinaus auch der Marktgegenseite zufließen.

Damit erübrigt es sich, den besonderen Wettbewerbsbegriff von Müller-Henneberg weiter als geschehen in Frage zu stellen. Auch auf *seiner* Basis, aber mit einem differenzierten und realistischeren Verständnis der Bedeutung der Werbung hinsichtlich der Vorteilhaftigkeit von Geschäftsabschlüssen für ihre Adressaten, ergibt sich als Resümee: Werbung *ist* Wettbewerb[35], ihre Beschränkung mithin notwendig eine *Wettbewerbs*beschränkung.

Nicht jede Wettbewerbsbeschränkung ist jedoch *kartellrechtlich* relevant. § 1 schützt nur denjenigen Wettbewerb, der sich so *wesentlich* auf die Marktverhältnisse auswirkt, daß seine Beschränkung geeignet ist, diese zu beeinflussen. Die Marktbeeinflussung durch Werbung präjudiziert, dies sei als methodische Bemerkung vorausgeschickt, nicht allein die Entscheidung des allgemeinen Problems, ob die Absatzwerbung durch die Normen des GWB geschützter Wettbewerb sein kann. Eine Vorabklärung des Werbungswettbewerbs in seinem Verhältnis zu § 1 erscheint auch deswegen als sinnvoll, weil zahlreiche Fälle von WBRn denkbar sind, die an sich in den Verbotsbereich des § 1 vorstoßen und für die das Eintragungsverfahren der §§ 28 ff. daher hinsichtlich seiner Rechtsfolgen, der Bescheinigung ihrer kartellrechtlichen Unbedenklichkeit und ihrer Freistellung vom Verbot der Wettbewerbsbeschränkungen (vgl. § 29), praktisch konstitutive Bedeutung hat[36].

---

[34] Maß und Mitte, S. 203.

[35] So ausdrücklich *Gleiss / Hootz,* NJW 1962, S. 391, in ihrer Anmerkung zu BGH NJW 1962, S. 247 („Export ohne WBS").

[36] Vgl. z. B. *Kellermann,* WuW 1965, S. 551, 552 ff.

Das gilt um so mehr, als es eine bloße Tautologie wäre, wollte man ausdrücklich auf die mit der Befolgung von Werberegeln verbundene Einengung des wettbewerblichen Handlungsspielraums hinweisen. Die Aufstellung solcher Normen wäre sinnlos, wenn von ihnen nicht eine freiwillige Unterordnung von Unternehmen in Form des Verzichts auf die Möglichkeiten abweichenden Verhaltens erwartet werden könnte. Die Alternativität von Regularität und Irregularität ist in diesem Kontext gleichbedeutend mit derjenigen von beschränkter und unbeschränkter Wettbewerbsfreiheit. Eine graue Zone des Übergangs ist logisch ausgeschlossen. Wettbewerbsbeschränkende WBRn werden daher auch unter dem Signum des leistungsgerechten Wettbewerbs nicht nur das Hauptkontingent der Werberegeln bilden, sondern WBRn über Absatzwerbung sind *schlechthin* wettbewerbsbeschränkender Natur[37].

Inwieweit Beschränkungen der Werbung und damit Werbung selbst die Marktverhältnisse im Sinne des § 1 zu beeinflussen vermögen, soll deshalb im Folgenden untersucht werden, um im weiteren Verlauf die Problematik wettbewerbsbeschränkender Werberegeln der neuen Art im besonderen behandeln zu können.

5.1.2. Marktbeeinflussung im Sinne des § 1 durch Absatzwerbung

Halbey[38] hat in einem „Zur kartellrechtlichen Beurteilung von Werbebeschränkungen nach § 1 GWB“ betitelten Aufsatz zutreffend festgestellt, daß der Schwerpunkt einer kartellrechtlichen Analyse nicht in der Frage ihrer Qualifizierung als Wettbewerb gesehen werde (was auch auf die vorliegende Arbeit zutrifft, vgl. soeben 5.1.1.), sondern in der Problematik der Marktbeeinflussung im Falle ihrer Beschränkung zu suchen sei. Entsprechend seinem Anliegen, die von *Jacob*[39] aufgeworfene Frage, wie Werbung in das Konzept des *funktionsfähigen Wettbewerbs*[40] einzuordnen sei, unter dem Gesichtspunkt der kartellrechtlichen Bedeutung von dessen Ergebnissen[41] zu beantworten, hat *Halbey* sich jedoch darauf konzentriert, die Unbrauchbarkeit der (Nicht-)Funktionsfähigkeit des Werbungswettbewerbs als neues Zulässigkeitskriterium im Rahmen von § 1 für seine Beschränkung nachzuweisen. Er hat daher weitgehend darauf verzichtet, die Problematik der Marktbeein-

---

[37] So auch *Langen*, Kommentar zum Kartellgesetz, 3. Aufl., Neuwied 1958, § 28 I 1.

[38] WRP 1967, S. 77 ff.

[39] Werbung und Wettbewerb: eine theoretische Analyse, Schmollers Jahrbuch 1966 II, S. 385 ff.

[40] Dazu o. 2.2.

[41] *Jacob*, S. 421: „Die Erfüllung oder Nichterfüllung der Wettbewerbsfunktionen durch den Werbungswettbewerb könnte auch für die Frage bedeutsam sein, ob ein Vertrag, der das Ausmaß der Werbung auf das für Informationszwecke erforderliche Minimum begrenzt, gegen § 1 GWB verstößt.“

flussung durch Werbung über einige Beispiele[42] für deren Existenz hinausgehend, die er für seine Gegenthese heranzieht, zu vertiefen oder zu verallgemeinern[43].

Die allgemeinere Frage nach der Beeinflussung der Marktverhältnisse durch Werbung (reziprok: durch Vereinbarungen über ihre Reduzierung) läßt sich nicht generalisierend beantworten. Zunächst ergibt sich die Notwendigkeit eines differenzierenden Untersuchungsansatzes aus der einfachen Tatsache, daß nicht „die" Werbung „die Verhältnisse auf dem jeweiligen Markt nach allgemeiner wirtschaftlicher Erfahrung in spürbarer Weise" zu beeinflussen vermag, wie die hier zugrunde gelegte, in ständiger Rechtsprechung durch den BGH[44] geprägte Formel lautet. Faktoren eines solchen Einflusses können immer nur *einzelne Effekte*[45] der Absatzwerbung sein, während andere kartellrechtlich irrelevant sind, wie beispielsweise ein mit Hilfe von Werbung erreichter betriebsökonomischer Ausgleich der Nachfrageelastizität. Von Interesse sind vielmehr allein ihre makroökonomischen Effekte, die in ihrer *Typizität* im folgenden behandelt und unter dem besonderen Blickwinkel der Marktbeeinflussung betrachtet werden sollen.

5.1.2.1. Werbung und Markttransparenz — die sog. Informationsfunktion der Werbung

Als der bedeutendste und in der Literatur nahezu[46] uneingeschränkt befürwortete Effekt der Werbung wird seit jeher der einer Erhöhung der Übersicht der Nachfrageseite über die marktrelevanten Daten, d. h.

[42] Die er WuW E 451, 455, entnimmt.

[43] Vgl. dazu unten 6.5.

[44] Vgl. nur BGHZ 37, 194 (200 ff.) (SPAR) und zuletzt BGH BB 1977, S. 409, 410.

[45] Der in diesem Zusammenhang häufig benutzte Terminus „Funktionen (der Werbung)" umfaßt im Vergleich zu „Effekte" auch eine bewußte *Zielprojektion* der Werbenden, auf die es hier nicht ankommt. Für die Frage der Marktbeeinflussung ist es selbstverständlich unerheblich, ob die Relation zwischen Werbung und Marktverhältnissen aus dem instrumentalen Einsatz der Werbung oder ungezielten Effekten (die Nationalökonomie trennt insofern zwischen direkten und indirekten Funktionen der Werbung, vgl. z. B. *Streißler*, ZfNök Bd. 25, S. 246, 271) resultiert, es handelt sich ausschließlich um eine Frage der Faktizität dieser Relation. Soweit der Begriff der Funktion im folgenden verwendet wird, ist er stets im Sinne von „Effekt", d. h. unabhängig von etwaigen Wirkungsabsichten gemeint, es sei denn, seine funktional-instrumentelle Seite würde hervorgehoben (vgl. zum Doppelsinn des Begriffs in diesem Zusammenhang den Hinweis von *Hundhausen*, ZfhF 1960, S. 567).

[46] Eine wichtige Ausnahme will *Phlips*, WuW 1964, S. 205, 209 für die Preistransparenz auf oligopolistischen Märkten machen. Ein gewisser Grad von Marktintransparenz sei wettbewerbs*fördernd*, weil er einem Teil der Anbieter die Möglichkeit einräume, sich Vorsprünge vor ihren Konkurrenten zu verschaffen, die eine Preissenkung wegen des fehlenden Wettbewerbsdrucks, den die Nachfrager mangels aktueller Kenntnis der Preissituation verzögert

der *Markttransparenz*[47], eingestuft. Über die reale Intensität einer funktionalen Beziehung zwischen Werbung und Markttransparenz besteht jedoch keine Einigkeit. Die tiefer in diese Problematik eindringenden, argumentationsintensiveren Arbeiten[48] bewerten sie überwiegend skeptisch.

Unleugbar, wenn auch nicht für alle Güter- und Dienstleistungsmärkte in gleichem Umfang, besteht ein Bedarf der Nachfrageseite nach Informationen über alternative Angebote und Angebotsdaten wie Preise und Qualitätsgrade. Zweifel bestehen allerdings, inwiefern und in welchem Ausmaß dieser Informationsbedarf bedingt ist durch die für die klassische Nationalökonomie noch selbstverständliche *Rationalität* einer großen Zahl von Ausleseakten der Wirtschaftssubjekte. Sie schließen es jedoch keineswegs aus, in der Steigerung der Marktübersichtlichkeit eine positive Folge der Absatzwerbung zu sehen, da bereits die Chance, von dieser Entwicklung zu profitieren, die Funktionalität der Märkte als Stellen des engsten Kontakts zwischen (potentiellen) Anbietern mit (potentiellen) Nachfragern fördern und folglich ihren volkswirtschaftlichen Stellenwert für den Leistungsaustausch erhöhen würde. Schon eine Ausweitung der *Möglichkeiten* echten Wirtschaftens wäre also marktökonomisch erwünscht und vorteilhaft. Das kommt im übrigen auch in der herrschenden Meinung in der kartellrechtlichen Literatur und in der Rechtsprechung des BGH[49] zu § 1 zum Ausdruck. Danach werden bereits die *möglichen* wirtschaftlichen Betätigungen der Marktteilnehmer in ihrer alternativen Existenz, d. h. logisch zwingend unabhängig von der tatsächlichen Wahl einer Alternative als Aktualisierung einer Betätigungsmöglichkeit, durch diese Norm vor nicht nur hypothetischen Beeinträchtigungen geschützt. Für die „Eignung zur Beeinflussung der Marktverhältnisse“ kommt es daher vornehmlich darauf an, ob Veränderungen der Markttransparenz als Störfaktoren des Marktablaufs in Frage kommen oder — im Fall der Steigerung — ihn qualitativ verbessern können.

ausüben, erst verspätet vornähmen. Preisvorteile für die Kunden können sich auf diesem Weg jedoch nur indirekt, über die Anbieter, ergeben. Sie basieren nicht auf dem Vorgang der Auslese durch die Nachfrager, sondern liegen in der Hand der Angebotsseite. Hier sollen nur die abnehmerbezogenen Funktionen der Markttransparenz betrachtet werden, die für die Auslese des individuell optimalen Angebots unmittelbar maßgeblich sind. Der Ansatz von *Phlips* soll daher nicht weiter verfolgt werden.

[47] Zum Begriff der *Markttransparenz* im Sinne einer Übersicht über die marktrelevanten Daten *Schenk*, Werbung und Markttransparenz, S. 57; ähnlich *Rinck*, BB 1962, S. 105.

[48] So *Jacob*, S. 385 ff., 389 ff.; *Gutenberg*, Grundlagen der Betriebswirtschaftslehre, Zweiter Band: Der Absatz, S. 360 f., *Kaldor*, The Economic Aspects of Advertising, S. 103 f.

[49] BGH BB 1977, S. 409, 410.

Die Veränderungen in der jeweils feststellbaren Transparenz der wichtigsten Marktdaten, vor allem der Preise auf einem bestimmten Markt, als Änderungen der „Marktverhältnisse" zu interpretieren, erscheint angesichts der elementaren Funktion der Überschaubarkeit dieser Daten für die Marktteilnehmer und ihre Betätigung auf dem jeweiligen Markt ohne weiteres gerechtfertigt. Die Möglichkeit der Nachfrager, sich einen Überblick über die vorhandenen Angebote und ihre unterschiedlichen Konditionen zu verschaffen, präjudiziert, mit der individuellen Tragweite und Bedeutungsschwere steigend, mehr oder weniger die Angebotswahl[50]. Ist sie nur in einem relativ geringen Grad gegeben, gelangen alternative Angebote nicht oder nicht hinreichend zur Kenntnis der Nachfrager und scheiden daher für sie aus. Die Koordinierungsfunktion der Märkte, Angebot und Nachfrage zu komplementieren, und der Prozeß der Ermittlung der erzielbaren Leistungen — Preise auf der einen, Güter und Dienstleistungen auf der anderen Seite — werden erheblich gestört oder von dem erreichbaren Optimum ihrer Durchführung abgelenkt. Eine Reduzierung der Transparenz eines Markts kann deshalb, um eine Formel des BGH[51] für das Merkmal der Eignung, die Marktverhältnisse zu beeinflussen, aufzugreifen, durchaus „die wirtschaftlichen Betätigungsmöglichkeiten und die zur Verfügung stehenden Alternativen der Marktbeteiligten merklich beeinträchtigen".

Wann das der Fall ist, hängt im einzelnen davon ab, wie hoch die Schwelle für eine Minimierung der Markttransparenz angesetzt wird. Dabei bezeichnet „Markttransparenz" nur die von der individuell-subjektiven Präsenz der Marktdaten für die nachfragenden Wirtschaftssubjekte abstrahierte objektive Marktübersichtlichkeit[52]. Nur *sie* als Abstraktum beschreibt eine *Markt*eigenschaft und nicht das aus dem Transparenzgrad eines Markts abgeleitete Informationsniveau der Marktteilnehmer. Das ist deshalb wesentlich, weil diese Beschränkung

---

[50] Nicht zu verkennen ist allerdings, daß im Bereich alltäglichen Konsumverhaltens Problementscheidungen als rationale Abwägungen alternativer Folgen anhand beschaffter Daten nur selten gefällt werden. Hier handelt es sich oft um erprobte und habituell gewordene Kaufakte ohne den Charakter eigentlicher Entscheidungen, vgl. *Gutenberg*, S. 365, und *Katona*, Das Verhalten der Verbraucher und Unternehmer, S. 80. Insbesondere in Zusammenhang mit dem Erwerb von Konsum- und Gebrauchsgütern des privaten Haushaltsbedarfs innerhalb gewisser Preisgrenzen hindert häufig der Zeitfaktor ein ausführlicheres Auswahlverfahren, vgl. dazu *Eugen Schmalenbachs* (Der freien Wirtschaft zum Gedächtnis, S. 58) vielzitierte Geschichte eines Regenschirmkaufs, in der er von den Schwierigkeiten berichtet, die ihn von der eingehenden Prüfung aller Angebote abhielten, zu der er sich zuvor verpflichtet fühlte; ferner aus der Sicht der wirtschaftswissenschaftlichen Entscheidungstheorie *Gäfgen*, Theorie der wirtschaftlichen Entscheidung, S. 38 f.

[51] BGH BB 1977, S. 409, 410.

[52] Zur Unterscheidung zwischen (subjektiver) Marktübersicht und (objektiver) Marktübersichtlichkeit *Schenk*, S. 57.

auf die abstrakte Variante der Markttransparenz notwendig aus dem *Wortlaut* von § 1 Abs. 1 (Beeinflussung der *Markt*verhältnisse) folgt.

Leitlinienhaft läßt sich feststellen, daß das Informationsverhalten der Werbenden um so mehr zu einer Versorgung der Märkte mit Angebotsdaten beiträgt, je eher diese Daten von der Marktgegenseite in ihre Ausleseentscheidung *einbezogen* werden. Der Umfang einer bestehenden Informationsnachfrage nach einzelnen Marktdaten ist positiv korreliert mit dem Transparenzgrad eines Markts. Dabei läßt sich eine grobe Unterscheidung zwischen generell nachfragebestimmenden Markt*grund*daten und solchen Daten treffen, die eher *individuell* erheblich sind. Markt*grund*daten wie Preise, Qualitäten, Lieferkonditionen und ähnliches beeinflussen als Gegenstand oder Bestandteil von Werbebotschaften mit Sicherheit die Übersichtlichkeit des vorhandenen Angebotsspektrums.

Inwieweit eine branchendurchschnittliche Werbung die Übersichtlichkeit fördert oder mindert, hängt demzufolge entscheidend davon ab, inwiefern sie diese elementaren Wirtschaftsinformationen für die von ihr erreichten Umworbenen disponibel macht.

Allgemein kann ausgesagt werden, daß die Werbung die für eine Nutzung der existenten Möglichkeiten eines Markts bedeutsame Verfügbarkeit der Nachfrager über wichtige Marktdaten (die im übrigen gleichzeitig Leistungsdaten im Sinne leistungsgerechten Werbungswettbewerbs darstellen) negativ und positiv beeinflussen kann. Indem der Anteil von *Grunddaten* an dem von ihr bewirkten Informations- und Kommunikationsfluß von ihren Trägern reguliert wird, verändern diese die Marktransparenz als Vorbedingung für das Verhalten der Wirtschaftssubjekte auf der Nachfrageseite. Die Verringerung des Anteils dieser marktspezifisch in ihrer Bedeutung wechselnden Daten an einer branchendurchschnittlichen Werbung läuft daher ebenso wie eine Steigerung auf eine Beeinflussung der Marktverhältnisse im Sinne von § 1 Abs. 1 hinaus.

Diesem Resultat liegt eine *Interdependenz* von Informationsnachfrage und Beeinträchtigung der Marktverhältnisse — im Punkt der Marktübersehbarkeit — zugrunde. Der Umfang der Markttransparenz ist in dieser Verkettung an einen Grad der Nachfrage nach Informationen über eine Gruppe von Marktdaten gekoppelt worden. So wie diese Nachfrage schwanken kann, ist auch die Grenze fließend, an der Markttransparenz endet und Markt*in*transparenz beginnt. Es existiert also infolge dieses relativierenden Junktims eine *Zone der Unsicherheit*, die zu der schon angedeuteten begrifflichen Unschärfe dieser Markteigenschaft hinzutritt. Eine völlige erkenntnismäßige Sicherheit wird sich mangels brauchbarer anderer Kriterien nicht erzielen lassen, ist aber auch bei einem praktisch auf die Marktgrunddaten beschränkten Erkenntnisinteresse nicht erforderlich. Die Reichweite transparenzmindernder Eingriffe hängt zudem wesentlich davon ab, auf welche Verhaltensweisen sie zurückzuführen sind.

Für die Frage der funktionalen Beziehung zwischen Absatzwerbung und Markttransparenz folgt daraus, daß ein Einfluß der Werbung auf das Informationspotential des Markts so spürbar sein und derart geschaffene Nachrichten vor allem über die Marktgrunddaten von den Umworbenen so nachgefragt werden müssen, daß eine Reduzierung von Werbung sich transparenz*verringernd* auswirken würde. Da eine *mögliche* Beeinflussung der Marktverhältnisse den Tatbestand von § 1 bereits erfüllt, wäre jedenfalls ein Verzicht auf Werbung, der Preis- und Qualitätsinformationen verringerte, kartellrechtlich grundsätzlich unzulässig.

Es kommt also auf die *Informationsleistungen* an, die die Absatzwerbung erbringen kann bzw. in der Regel erbringt. Wie effektiv Werbung informiert, ist höchst streitig und hängt von den verschiedensten Faktoren ab. Zunächst erscheint es wichtig zu betonen, daß ihr Informationsgrad primär *interessenbestimmt* reguliert wird. Kein werbender Anbieter teilt freiwillig Fakten mit, die zwar wahr sind und auf größtes Interesse der anderen Marktteilnehmer stoßen, die Werbewirkung und insbesondere die Akquisition der Kunden jedoch ungünstig beeinflussen würden. Werbung ist regelmäßig *einseitig*[53]. Das schließt es ein, den wirtschaftlichen Interessen nachteilige Tatsachen zu unterdrücken. Wenn *informative*, d. h. marktrelevante Daten[54] mitteilende Werbung betrieben wird, handelt es sich also stets um ausgesprochen selektive oder, negativ ausgedrückt, unvollständige Information. Bereits unter diesem Gesichtspunkt ist der Nachrichtenwert eines großen Teils der Absatzwerbung nicht sehr hoch einzuschätzen.

Ergänzend dazu ist festzustellen, daß eine Befriedigung des Informationsbedürfnisses der Nachfrageseite durch Werbung infolgedessen nur in sehr beschränktem Maße stattfindet. Werbung versorgt ihre Adressaten nur dann mit den von ihnen nachgefragten Nachrichten, wenn sich diese Nachfrage mit den Interessen derjenigen deckt, die sie betreiben. Ein Vorstellungsmodell, in dem Werbung auf der Anbieterseite eines Informations*markts* fungiert, ist deshalb als unrealistisch abzulehnen[55].

---

[53] *Raffée*, S. 105 f.

[54] Zu dem in diesem Zusammenhang verwendeten wirtschaftlichen Informationsbegriff *Schenk*, S. 63.

[55] Ein solches Vorstellungsmodell insinuiert die Feststellung von *Kaldor*, S. 103, „There is no doubt, also, that if advertising were not provided freely the consumers would be quite willing to pay for the supply of market information". *Kaldor* bewertet im Folgenden jedoch *selbst* Informationsgehalt und -qualität der durchschnittlichen Werbung negativ (a. a. O. S. 103 f.).

Andererseits darf nicht außer acht gelassen werden, daß der Transparenzgrad eines Marktes seinerseits auf den Informationsgehalt der Werbung einwirken kann. Typisch hierfür ist der Markt für *hochwertige Investitionsgüter*. Die Absatzwerbung für diese Produkte ist durch ein relativ hohes Informationsniveau gekennzeichnet. Es dürfte im allgemeinen darauf zurückzuführen sein, daß die Transparenz dieses Marktes für die Nachfrager infolge regelmäßig anzutreffender hoher Qualifikation für die Beurteilung der Marktdaten und großer Präsenz der Vergleichsmöglichkeiten besonders gut entwickelt ist. Die Werbung muß sich dieser Situation anpassen. Es existiert ein Imitationszwang zu informativer Werbung, der sich im übrigen desto mehr verstärken dürfte, je mehr es sich um einen Nachfragermarkt handelt (enges Oligopson, Monopson). Werbung auf bereits hoch transparenten Märkten ist also in aller Regel informativer als auf Märkten mit geringer Übersicht der Nachfrager über die relevanten Marktdaten.

Diese funktionale Beziehung zeigt zugleich, daß transparente Märkte bessere Bedingungen für die Befriedigung eines Informationsbedarfs der Umworbenen bieten. Auch dies stellt sich als Folge des beschriebenen *Imitationszwangs* dar.

Ähnlich günstiger für das Informationsbedürfnis der Nachfrager sind die Verhältnisse auf den gleichfalls viel übersichtlicheren Hersteller-Händler-Märkten[56]. Die Ausführungen zum Markt für hochwertige Investitionsgüter gelten auch für sie.

Angelpunkt für die Informationsfunktion der Werbung ist, wie zu zeigen versucht wurde, der Grad der auf den einzelnen Märkten schon vorhandenen Transparenz. Unzulässig wäre es jedoch, aus den vorstehenden Ausführungen eine Gesetzmäßigkeit abzuleiten, wonach hohe Markttransparenz stets informative Werbung förderte. Auf *Konsumgüter*märkten ist häufig das Gegenteil der Fall. Marktübersichtlichkeit ist dort teilweise in so hohem Maß schon vorhanden (Zigaretten, Waschmittel, Benzin), daß ein Wettbewerb durch Werbung mit sachlichen Vorteilen ausscheidet. Er wird durch die Substituierbarkeit der Vorzüge homogener Güter weitgehend verhindert. Eine werbliche Bekanntgabe dieser Vorzüge würde, wenn solche Hinweise zwecks Erhaltung von Marktanteilen imitiert würden, diese Substituierbarkeit *offenbar* werden lassen. Sie ist deshalb aus der Sicht der Werbungtreibenden unerwünscht. Es erfolgt daher ein Ausweichen auf transparenzmindernde, allenfalls transparenzneutrale Arten der Werbung in Form einer Emotionalisierung der Werbeobjekte. Der Imitationsdruck im Werbungswettbewerb verstärkt diesen negativen Effekt noch. Markttransparenz kann also die Informationsfunktion der Werbung stark beeinträchtigen und mitunter nahezu völlig unterdrücken[57].

[56] *Schenk*, S. 62.

Ein durchaus andersartiges Bild zeigt jedoch die sog. *Einführungswerbung*. Bei ihr verlangt es die Neuheit eines Produkts oder einer wesentlichen Produktvariante, daß die bisher dem Abnehmer unbekannten Vorzüge als solche mitgeteilt werden, und zwar nicht allein um einen Erwerbsanreiz zu schaffen, sondern vorrangig, um die Erwerbs*möglichkeit* bewußt werden zu lassen. Die Einführungswerbung ist daher diejenige Art der Werbung, auf die das Wort *Röpkes*[58] am ehesten zutrifft, Werbung habe die Aufgabe, Märkte zu organisieren, Anbieter und Nachfrager zusammenzubringen. Mit dem eingangs gemachten Vorbehalt der Interessenbestimmtheit und Unvollständigkeit (Einseitigkeit) aller Werbung kann sie als relativ informativ bezeichnet werden.

Das Gesamtbild der Informationsfunktion der Werbung ist also uneinheitlich. Was sie an Informationen enthält, hängt wesentlich davon ab, ob es sich um Einführungs- oder Erhaltungswerbung handelt und ob auf einem durch hohe Übersicht der Nachfrager gekennzeichneten Markt geworben wird. Eine Schlüsselstellung fällt dabei dem erreichten Grad an Markttransparenz zu, auf den die Werbung jeweils trifft. Der mit ihm verbundene Nachahmungsdruck (der ebenfalls Teil des Werbungs*wettbewerbs* ist) induziert, wiederum in Abhängigkeit von den zuvor genannten Umständen, entweder einen relativ hohen (Beispiel: Investitionsgütermarkt) oder einen relativ niedrigen (Beispiel: Märkte für weitgehend homogene Konsumgüter) Gehalt der Werbung an sachlicher, marktdatenbezogener Information.

In *volkswirtschaftlicher* Hinsicht läßt sich dieser Bestandsaufnahme entnehmen, daß sich Werbebeschränkungen nur auf einigen, zum Teil jedoch sehr wichtigen Märkten transparenzmindernd auswirken können. In *kartellrechtlicher* Hinsicht nötigt dieses Ergebnis allerdings nicht zu einer vergleichbar differenzierten Betrachtung. Die Weite der Begriffe „eignen“ (zur Beeinflussung der Marktverhältnisse) und „Marktverhältnisse“ in § 1 Abs. 1 läßt es zu, in Absprachen von Unternehmen über Werbeverzichte generell eine Verletzung des Kartellverbots zu sehen. Dieser Ansicht ist auch der BGH[59], wenn er diese Auffassung, worauf schon hingewiesen wurde[60], durch die Formulierung „je nach Lage des Falles“ könne eine Werbebeschränkung eine gegen § 1 verstoßende Wettbewerbsbeschränkung darstellen, auch anschließend relativiert hat. Gründe für diese vorsichtige Formulierung sind in der Urteilsbegründung, in der das Gericht zu dieser Problematik Stellung nimmt, auch andeutungsweise nicht enthalten.

Für die Praxis der Kartellbehörden bei der Eintragung wettbewerbsbeschränkender *WBRn* kommt es aber in Fällen, die im Grenzbereich

[57] *Schenk*, S. 62.

[58] Maß und Mitte, S. 203.

[59] BGH JZ 1962, S. 363 f.

der Wettbewerbsbeschränkung einzuordnen sind, auf diesen Umstand *nur zum Teil* an. Auch wenn sie der Ansicht sind, daß das Kartellverbot an sich berührt ist, eröffnet sich ihnen und den Antragstellern durch § 31 Abs. 1 die Möglichkeit, jedenfalls aufgrund des Schutzzwecks der einzelnen Regel diese durch die Eintragung von dem Kartellverbot des § 1 freizustellen. Nach § 29 wirkt sich die Eintragung dann auch zugunsten der Absprachen aus, in denen die dem betreffenden Antragsteller angehörenden Unternehmen sich verpflichten, die Regel einzuhalten.

Das bedeutet, daß im Rahmen des der Behörde nach § 31 eingeräumten Ermessensspielraums die Chance der Eintragung für Regeln nicht wesentlich dadurch gemindert wird, daß es sich um, wenn auch nur bei weitester Auslegung von § 1, wettbewerbsbeschränkende WBRn handelt. WBRn hingegen, die *weit* in den Verbotsbereich des § 1 vorstoßen, sei es, weil sie Einführungswerbung eines Unternehmens beeinträchtigen oder einen durch Werbung in seiner Transparenz wesentlich beeinflußten Markt betreffen, müssen größeren Bedenken begegnen, die sich durch die Erfüllung der anderen Voraussetzungen von § 28 Abs. 2 schwerer überwinden lassen werden.

Die Beachtlichkeit wettbewerbsbeschränkender Effekte von Absprachen über Werbung in WBRn ist also grundsätzlich zu bejahen. Geringere Relevanz hat sie lediglich in einem ökonomisch weniger bedeutsamen Bereich der Rechtsunsicherheit, ob § 1 bereits tangiert ist oder nicht. Die weite Auslegung des Kartellverbots des § 1 durch die Rechtsprechung und die Kartellbehörden trägt dazu bei, diesen Bereich einzuengen.

Die komplexen kartellrechtlichen Zusammenhänge zwischen Absatzwerbung und Markttransparenz sind daher, um die vorstehenden Ausführungen *zusammenzufassen,* bei der Eintragung von Werberegeln generell zu berücksichtigen. Sie bilden in der Regel den Schwerpunkt von Bedenken gegen die Eintragung.

5.1.2.2. Werbung und Konzentration

In makroökonomischer Hinsicht erschöpft sich die Bedeutung des Wirtschaftsfaktors „Werbung“ nicht in seinem starken Einfluß auf die Marktgegenwärtigkeit wichtiger Marktdaten für die umworbenen Nachfrager. Der zweite Sonderaspekt der volkswirtschaftlich, insbesondere für die wettbewerblichen Steuerungsfunktionen, bedeutsamen Effekte der Werbung wird in der wirtschaftswissenschaftlichen Literatur[61] in

[60] 5.1. (bei Fn. 10).

[61] U. a. *Blume / Müller,* Werbung für Markenartikel — Auswirkungen auf Markttransparenz und Preise (Teil A), S. 59 ff.; *Friedrichs,* Werbung und Konzentration, S. 79 ff.; *Jacob,* S. 410 ff.; *F. W. Meyer,* Die konzentrationsfördernde Wirkung der klassischen Werbemittel; *Steuber,* Werbung und

einer funktionalen Beziehung zwischen Werbung und wirtschaftlicher *Konzentration* gesehen.

Die zu diesem Problemkomplex vorliegenden Ergebnisse sind indessen von einer befriedigenden Klärung noch weit entfernt. Während rein *theoretische* Arbeiten dazu neigen, zumindest eine Begünstigung *oligopolistischer* Angebotsstrukturen[62] zu Lasten kleiner und mittlerer Unternehmen als Folge der Werbung von Großunternehmen anzunehmen, konnte eine breite *empirisch-statistische* Basis für diese Hypothese bisher nicht gewonnen werden[63]. Dies ist um so überraschender, als der Zusammenhang zwischen Werbeaufwand der Branchengrößten und Verschlechterungen der Marktstrukturen theoretisch unmittelbar einleuchtet[64]. Die Förderung oligopolistischer Anbieterstrukturen wird vorwiegend mit einer Werbekostenbarriere für kleine und mittlere Unternehmen erklärt, die ihnen bereits den Marktzutritt erheblich erschwere, wenn nicht gar unmöglich mache. Diese Kostenschranke resultiere aus einer Degression der Werbekosten bei gleichzeitiger Progression des Werbeerfolgs. Die deutsche Volkswirtschaftslehre stützt diese Vermutung im einzelnen auf verschiedene Faktoren, von denen hier nur die wichtigsten genannt werden können.

Ausgangspunkt ist die Tatsache, daß in aller Regel Werbung erst ab einer gewissen Größenordnung ihre Adressaten erreicht und daß sie vor allem auf Märkten mit geringer objektiver *Produktdifferenzierung* vielfach wiederholt werden muß, um in ihren Zielgruppen subjektiv präsent zu sein. Ihr Erfolg hängt ferner auf überregionalen Märkten entscheidend von der Wahl großer Werbeträger ab, z. B. des Werbefernsehens oder der Illustrierten. Um eine optimale Streuung der Werbebotschaft zu erreichen, sind also erhebliche Aufwendungen erforderlich,

---

Wohlstand, S. 47 ff.; *Streißler*, ZfNök Bd. 25 (1965), S. 243, 275; *Sundhoff*, Werbung als Faktor der Konzentration.

Aus der jüngeren *angloamerikanischen* Literatur seien genannt: *Comanor / Wilson*, Advertising and Market Power, Cambridge (Mass.) 1974, S. 41 ff. u. S. 217 ff.; *Mann / Henning / Meehan Jr.*, Advertising and Concentration: An Empirical Investigation, in: Journal of Industrial Economics 1967/68, Vol. 16, S. 34 ff. Vgl. außerdem die Übersicht bei *Giesel*, Unternehmenswachstum und Wettbewerb, S. 135 ff.

[62] Zurückhaltend äußert sich beispielsweise *Sundhoff*, S. 1598: „Man darf daher nicht mehr sagen, als daß die Werbung das Entstehen einer oligopolistischen Angebotsstruktur begünstigt." Ähnlich *Streißler*, S. 275.

[63] Vgl. das Resümee, das *Lambin* (Advertising, Competition and Market Conduct in Oligopoly over Time, S. 12) am Ende einer Übersicht über die Diskussion der letzten zwanzig Jahre zieht: „Clearly, the same data have not conveyed the same message to different people, and the debate is certainly far from closed." Ebenso *Franke*, Werbung und Konzentration, S. 3: „Insgesamt gesehen haben somit die empirischen und statistischen Analysen kein eindeutiges Ergebnis gebracht."

[64] *Seitz*, Zur ökonomischen Theorie der Werbung, S. 120.

die von kleinen Konkurrenten nicht und von mittleren Unternehmenseinheiten selten aufgebracht werden können.

Diese konzentrationsfördernde Wirkung insbesondere bestimmter Werbemittel[65] wird einmal verstärkt durch eine Progression des Werbeerfolgs bei hohem Werbeaufwand, die sich auf den Werbeeindruck (impact) gründet, der bei laufender Wiederholung einer Werbemaßnahme bis zu einer gewissen Grenze der wechselseitigen Neutralisierung im Oligopol[66] steigt. Zum zweiten wird das Großunternehmen dadurch begünstigt, daß seine betriebsökonomischen Möglichkeiten deutlich besser sind als die seiner kleineren Konkurrenten[67]. Es kann eine kostenintensive Werbeabteilung mit hochqualifiziertem Personal unterhalten und alle Vorteile der Arbeitsteilung[68] wahrnehmen, die mit einer optimalen Auslastung dieser Abteilung verbunden sind. Die Integration der Produktwerbung in eine Marketing-Konzeption („Marketing-Mix") dürfte im Großunternehmen ebenfalls weitaus gründlicher vorgenommen werden können als im mittelständischen, in dem generalistischer gearbeitet werden muß, weil die Kostenbelastung einer vergleichbaren Spezialisierung der beteiligten Kräfte und dem Zeitraum, in dem eine Absatzstrategie entwickelt werden kann, dort engere Grenzen setzt.

Werbung begünstigt nach diesen theoretischen Erkenntnissen also in *zweifacher* Hinsicht die Entstehung oligopolistischer Strukturen: Zum einen, indem ihre Wirkungen erst erreicht werden, wenn gewisse Schwellen für die Gewinnung der Aufmerksamkeit überwunden werden, was eine Kostenbarriere für kleine und mittlere Unternehmen bedeuten kann. Zum anderen, indem diese Kostenbarriere markterstarrend wirkt, weil sie zugleich eine Marktzutrittsschranke für mittelständische Branchenneulinge oder expansionswillige Klein- und Mittelbetriebe bildet.

Anders als in Deutschland blieben in der *angloamerikanischen* Literatur diese mehr oder weniger theoretischen Hypothesen nicht ohne empirische Überprüfung, wie die Studien von *Stigler*[69] (1958), *Telser*[70] (1964), *Mann / Henning / Meehan Jr.*[71] (1967), *Comanor / Wilson*[72] (1974) und anderen[73] bezeugen. Die wünschenswerte Eindeutigkeit in der Bestäti-

[65] Dazu *F. W. Meyer*, S. 7.

[66] *Kaldor*, S. 117 f.; *Pigou*, The Economics of Welfare, S. 198; *Steuber*, S. 43 f.

[67] *Steuber*, S. 48.

[68] Die selbstverständlich auch bei einer Verlagerung auf Externe (Werbeagenturen) entstehen.

[69] The Economies of Scale, in: The Journal of Law and Economics, Oct. 1958, S. 54 ff.

[70] Advertising and Competition, in: The Journal of Political Economy, Vol. LXXII, S. 537 ff.

[71] Journal of Industrial Economics 1967/68, Vol. 16, S. 34 ff.

[72] Advertising and Market Power, S. 41 ff. u. S. 217 ff.

gung oder Widerlegung des vermuteten Zusammenhangs zwischen Werbekosten und oligopolistischer Struktur werbeintensiver Branchen konnte indes für US-Märkte nicht überzeugend erzielt werden. Zu verschieden waren die angewendeten Untersuchungsmethoden, die zugrundegelegten Marktdaten und zu umstritten beide, Methoden und Daten, als daß eine dieser Analysen den Charakter des Definitiven besäße[74].

Weshalb in *Deutschland* gar nicht erst der Versuch einer zeitbezogenen Beobachtung der tatsächlichen Wechselwirkungen zwischen Werbung und Konzentrationsgraden auf verschiedenen Märkten unternommen wurde, wird mit mehreren Schwierigkeiten erklärt, die einer empirischen Untersuchung im Wege stünden. Die wichtigste ist die fehlende Verfügbarkeit von Marktanteilsdaten, die von kommerziellen Marktforschungsinstituten erhoben werden und der wissenschaftlichen Verwendung durch andere als die Auftraggeber dieser Institute generell entzogen sind. Die Auswertung allgemein zugänglichen, primär des durch Presseveröffentlichungen bekanntgewordenen Materials, leidet daher von vornherein an einer (zu) geringen Datenbasis[75].

Schließlich dürfte, neben dem Umstand, daß die Höhe der Werbeausgaben und die Wirkschwelle, die eine Werbung erreichen muß, nur ein *potentielles* Ursachenfeld für oligopolistische Entwicklungen abgeben, auch die mangelnde Bestimmbarkeit von Werbemaßnahmen als Faktoren des *Absatzerfolgs* dafür verantwortlich sein, daß der Beweis der genannten Hypothesen bis heute nicht gelungen ist.

Werbung ist nur *eine* Komponente des üblichen Marketing-Mix. Daß Absatzerfolge gerade oder ausschließlich auf eine bestimmte Werbung zurückgeführt werden können, ist äußerst selten. Schätzungen und Vermutungen sind die Regel.

Werbeaufwendungen und Markterfolg müssen, vieles spricht dafür, in den meisten Fällen wohl korrelativ gesehen werden, können jedoch

---

[73] Aus dem älteren amerikanischen Schrifttum ist außerdem die umfangreiche Arbeit von *Neil H. Borden*, The Economics of Advertising, Chicago 1942, hervorzuheben.

[74] Vgl. beispielsweise die Kontroverse zwischen *Mann / Henning / Meehan Jr.* und *Telser*, Another Look at Advertising and Concentration, in: Journal of Industrial Economics 1969, No. 18, S. 85 ff.

[75] Das gilt bereits für Angaben über Marktkonzentrationsgrade ohne Bezug zu in Frage kommenden Konzentrationsursachen, wie der Kommentar von *Blume*, S. 61, zu einer entsprechenden Tabelle illustriert. *Blume* stellt u. a. fest: „Die Auswahl der Konsumgütermärkte, zu denen wir nachfolgend Zahlen für den Grad der Konzentration wiedergeben, erfolgte nicht systematisch. Wir erfaßten die Märkte, für die wir entsprechende Pressemitteilungen fanden. (...) Es waren uns keine anderen Daten als Pressemeldungen zugänglich. In Erhebungen kommerzieller Marktforschungsunternehmen haben Nicht-Kunden in der Regel keinen Einblick. Folglich konnten wir die Angaben nicht auf ihre Richtigkeit überprüfen. ..."

kaum anders als global in ein Verhältnis von Ursachen und Wirkung gebracht werden. Es muß daher bezweifelt werden, ob der empirische Aspekt eines Zusammenhangs zwischen Werbung und wirtschaftlicher Konzentration überhaupt so befriedigend geklärt werden kann, daß die Autorität von Fakten und Untersuchungsmethoden die erzielten Resultate unangreifbar macht. Dieser Zweifel wird bestärkt durch den außerordentlich großen Anteil *moralischer* und *gesellschaftspolitischer* Argumente an der Kritik der unternehmerischen Absatzwerbung. Ein derart kontroverses Thema, wie es die Werbung von jeher ist, wird auch in wirtschaftstheoretischem Zusammenhang leicht unter Überschreitung der Grenzen des objektiv Überprüfbaren behandelt, wie *Seitz*[76] zu Recht konstatiert. Die Trennschärfe zwischen außerökonomischen Werturteilen und Faktenanalyse ist deshalb zumindest als prekär zu charakterisieren.

Der Mangel des empirischen Nachweises der in der ökonomischen Theorie durchaus plausibel behaupteten Ursächlichkeit der Werbung für Marktstrukturverschlechterungen zu Lasten vor allem mittelständischer Wettbewerber bedeutet notwendig eine mangelnde *Legitimation* zumindest für repressive Maßnahmen, die die Freiheit zur Werbung einschränken würden. Theoretisch noch so stringent darstellbare Zusammenhänge zwischen Werbung und Konzentration berechtigen ohne ihre empirische Bestätigung nicht zu Einflußnahmen auf die *Werbefreiheit* eines Teils der Unternehmen, sei es auch in Form von Selbstbeschränkungen, wie sie im Fall von Werberegeln leistungsbezogener Art denkbar wären. Es wäre wenig überzeugend, würde das Erfordernis der nicht nur hypothetischen Existenz der Wettbewerbsbeschränkung, das in der Auslegung von § 1 seit langem anerkannt ist, in diesem Fall ignoriert, d. h. nicht *generell* zugrunde gelegt. Wenn es um Einschränkungen wettbewerblicher Verhaltensweisen geht, die als für die volkswirtschaftlichen Belange und die Interessen anderer Marktteilnehmer schädlich erscheinen, muß der Prüfstein für eine Restriktion derartiger Verhaltensweisen ihre *tatsächliche* und nicht nur angenommene Schädlichkeit sein. Dies ist eine Konsequenz sowohl der verfassungsrechtlich[77] (Art. 12 GG) geschützten unternehmerischen Freiheit zu werben, als auch des institutionellen Schutzes des Wettbewerbs durch das GWB. Eingriffe in diese Freiheit und in den Wettbewerb müssen angemessen begründet werden können. Vermutungen, zumal wenn sie derart bestritten werden wie in diesem Fall, können gegenüber den rechtlichen Gründen des Freiheitsschutzes regelmäßig keine Ausnahmen von diesem Schutz rechtfertigen.

Neben dem Gesichtspunkt der Unzulässigkeit „verdachtsweiser“ Einschränkungen der Werbefreiheit wegen konzentrativer Tendenzen der

---

[76] S. 122.

[77] BVerfGE 9, 213, 221 f.

Werbung von Großunternehmen erscheint auch die Vernachlässigung der *regional begrenzten* Werbung kleinerer und insbesondere markteintrittswilliger mittelständischer Unternehmen bedenklich[78]. Die in vielen, wenn auch nicht allen Branchen mögliche und regelmäßig praktizierte Expansion von kleinen, örtlich begrenzten, auf überregionale Märkte pflegt mit einer allmählichen, an den sich vergrößernden Absatzradius angepaßten Steigerung der Werbung einherzugehen. In diesen Fällen der allmählichen Aktionserweiterung anfänglich kleiner Unternehmen ist eine Benachteiligung infolge des Größenvorteils überregional agierender Konkurrenten nicht feststellbar. Die undifferenzierte Vermutung werbebedingter Konzentration läßt diese regionale Anfangsphase vieler Unternehmen und ihrer Werbung unberücksichtigt, so daß auch insofern an ihrer Realitätsentsprechung gezweifelt werden muß.

Diese Vorbehalte schließen aber nicht aus, daß die Position kleiner und mittlerer Unternehmen auf dem Gebiet des Werbewettbewerbs gestärkt wird, um unternehmensgrößenbedingten Marktstrukturverschlechterungen im Bereich der Werbung präventiv entgegenzuwirken. Die Möglichkeit zu dekonzentrativen Erleichterungen der Beteiligungskonditionen für den Werbewettbewerb für mittelständische Wettbewerber bliebe unbeschnitten, soweit der Ansatzpunkt, etwa für entsprechende Selbsthilfemaßnahmen im Weg der Kooperation, nicht bei den hypothetisch ursächlichen Großunternehmen, sondern ihren mittelständischen Konkurrenten und deren Chancen läge. Dieser mittelbare Schutz der Märkte vor weiterer Oligopolisierung bedürfte als Teil mittelstandspolitischer Initiativen mit anderen Worten nicht der empirisch erhärteten Gewißheit werbungsbedingter Konzentration. Er würde vielmehr schon durch die wettbewerbspolitische Absicht legitimiert, auf eine, die Werbemöglichkeiten der Großunternehmen im Prinzip unberührt lassende Weise die Wettbewerbschancen für den Mittelstand zu verbessern.

An rechtliche Instrumente einer solcher Politik, wie sie hier in Frage stehen, wäre dabei die Forderung nach möglichst großer Wettbewerbskonformität und Vereinbarkeit vor allem mit den Grundsätzen des Kartell- und Wettbewerbsrechts zu stellen. WBRn über Werbung sind deshalb bei einer Konzipierung zu den beschriebenen Zwecken auf eine möglichst optimale Kompatibilität mit der bestehenden rechtlichen Ordnung des Wettbewerbs zu überprüfen. *Direkte* Eingriffe in die Skala absatzpolitischer Möglichkeiten großer Unternehmen, so das Resümee, lassen sich jedenfalls auf der Grundlage des gegenwärtigen Erkenntnisstands, der sich auf längere Sicht kaum ändern dürfte, auch im Zusammenhang mit Werberegeln gegen konzentrationsfördernde Werbung *nicht* rechtfertigen.

---

[78] Vgl. *Telser*, The Journal of Political Economy, Vol. LXXII, S. 557.

5.1.2.3. Zwischenergebnis

Werbemaßnahmen und, reziprok, Abreden von Unternehmen, sie zu unterlassen oder einzuschränken, sind grundsätzlich zur Marktbeeinflussung im Sinne des § 1 Abs. 1 geeignet. Die von ihnen hauptsächlich betroffenen Markteigenschaften sind die Transparenz der Märkte und, vermutlich, die Qualität der Anbieterstruktur. Schlußfolgerungen hinsichtlich des zuletzt genannten Effekts haben die bisher nur mangelhafte empirische Bestätigung dafür zu berücksichtigen, daß Werbung tatsächlich ein Faktor des allgemeinen Konzentrationsprozesses in der Wirtschaft ist.

Damit sind zugleich die beiden wesentlichen Gesichtspunkte genannt, an die eine Würdigung der mit leistungsbezogenen Werberegeln nach § 28 Abs. 2 verfolgbaren wettbewerbspolitischen Ziele anzuknüpfen hat: Die Förderung der Markttransparenz für die Nachfrageseite und eine Verbesserung mittelständischer Wettbewerbschancen im Bereich des Werbungswettbewerbs zur Stabilisierung und Verbreiterung der Anbieterstrukturen auf solchen Märkten, auf denen vorrangig mit Hilfe der Werbung konkurriert wird.

5.2. Absatzwerbung als Faktor der Wirksamkeit eines leistungsgerechten Wettbewerbsverhaltens

Markttransparenzförderung und Verbesserung der Chancen kleiner und mittlerer Unternehmen im Werbewettbewerb unter dem Aspekt des institutionellen Wettbewerbsschutzes gehören zu den wichtigsten makroökonomischen Problemfeldern der Werbung.

Im Folgenden sollen die mit der Ergänzung des § 28 Abs. 2 im Rahmen der Zweiten Kartellgesetznovelle eröffneten Möglichkeiten aufgezeigt werden, *wie* autorisierte Wirtschaftsverbände auf beiden Sektoren selbstordnend dazu beitragen können, die leistungsabhängige Erfolgsverteilung des Wettbewerbssystems zu sichern und zu fördern.

5.2.1. Der Einfluß der Absatzwerbung auf die Transparenz der Märkte und die Wirksamkeit eines leistungsgerechten Wettbewerbs

Zwischen der Zielsetzung des ergänzten § 28 Abs. 2, die marktleistungsgerechte Erfolgsverteilung durch den Wettbewerb zu gewährleisten und anzuregen einerseits und der Transparenz der Märkte für die Nachfrageseite andererseits besteht ein enger Zusammenhang. Je transparenter ein Markt für die Nachfrager ist, desto eher werden sie prinzipiell[79] in der Lage sein, die für sie beste auf diesem Markt

[79] Atypisch jedoch die Situation im *engen Oligopol:* Die zumindest gleichmäßig mit der Nachfragertransparenz notwendig wachsende Marktübersicht der Anbieter wird bei großer oligopolider Interdependenz (hoher Reaktions-

angebotene Leistung zu ermitteln und sich zu verschaffen[80]. Die Auslese nach Gesichtspunkten der Marktleistung, vor allem Preis- und Qualitätsunterschieden, kann auf einem relativ überschaubaren Markt grundsätzlich effizienter erfolgen als auf einem Markt, auf dem der Wettbewerb eher mit leistungsfernen Mitteln ausgetragen wird, denen gegenüber unternehmerische Tüchtigkeit und Erfahrung als abnahmemotivierende Elemente der in den Markt eingeführten Angebote zurücktreten. Es erhebt sich die Frage, *wie* ein Werbeverhalten im Sinne eines wirksamen leistungsgerechten Wettbewerbs je nach der gegebenen Marktsituation transparenzerhaltend oder -vergrößernd wirken kann.

Allgemein läßt sich dazu feststellen, daß eine Werbung sich auf die Marktübersicht und demzufolge auf die Auslesefunktion des Wettbewerbs positiv auswirkt, wenn sie die Aspekte der Unternehmens*leistung* in den Vordergrund rückt und damit eine *Vergleichbarkeit* mit anderen Leistungen schafft oder gar verbessert. Wie dieses Herausstellen des jeweiligen Leistungsaspekts geschehen kann, läßt sich angesichts der vielseitigen Möglichkeiten der Werbegestaltung allerdings nur in Form von Tendenzen angeben.

Verbindlich läßt sich jedenfalls aussagen, daß die Leitidee einer marktleistungsbetonten Werbung in einer Abstimmung ihrer Botschaften mit den Erwartungsinhalten besteht, die ein Teil ihrer konkreten Zielgruppen aufweist. Von leistungs*ferner* Werbung hebt sie sich ab, indem sie ihre akquisitorische Funktion vorwiegend dadurch erfüllt, daß sie diesen Gruppen der Umworbenen Informationen liefert, die ihnen nach sachlich-objektiven Kriterien die zu treffende Auswahl aus den vorhandenen Angeboten erleichtern. Jener Teil der Werbeerreichten, der aus den verschiedensten Gründen eine rationale Abwägung von Vor- und Nachteilen der ihm zugänglichen Güter oder Dienstleistungen vorzunehmen wünscht, kann ihr auf diese Weise auf einen solchen Entscheidungsakt abgestimmte Angaben über die Alternativen und die Daten entnehmen, die sie nachprüfbar voneinander unterscheiden. Voraussetzung für eine Nutzbarkeit der Werbung zur Befriedigung vorhandener oder auch eventuell durch sie ausgelöster Informationsbedürfnisse ist also, daß sie *thematisch* konzipiert ist, d. h. mit den Vorteilen wirbt, die das Absatzobjekt selbst aufweist.

Ferner verlangt eine Informationsbedürfnissen dienende Werbung, daß die thematische Formulierung werblicher Aussagen von Informa-

---

geschwindigkeit) in der Regel zu Preis- und sonstigen Angebotsangleichungen zu Lasten der Marktgegenseite führen, jedenfalls aber die Neigung zu Vorstößen weiter vermindern.

[80] Ähnlich *Rinck*, BB 1962, S. 105; sowie *Schenk*, S. 57: „Mit zunehmender Markttransparenz mindert sich das Risiko wirtschaftlicher Fehlentscheidung."

tionsnachfragern tatsächlich *verarbeitet* werden kann. Die vermittelten Daten müssen also vergleichbar sein, indem sie in einer Form dargeboten werden, die eine Gegenüberstellung ihrer jeweiligen Inhalte zuläßt. Leistungsgerechtes werbliches Verhalten muß also versuchen, die unternehmerische Leistung nicht nur zu ihrem zentralen Inhalt zu machen, sondern sie zudem so zu vermitteln, daß sie möglichst leicht als solche in einen Vergleichsrahmen eingeordnet werden kann. Sie muß darauf angelegt sein, Leistungsrelationen innerhalb des konkreten Angebots — etwa zwischen Qualität und Preis — transparent zu machen oder sie doch jedenfalls nicht zu verschleiern. Leistungsunterschiede zwischen den einzelnen Angeboten müssen von ihr dadurch erkennbar gemacht werden, daß *herkömmliche*, den Umworbenen in aller Regel bekannte Maßstäbe, beispielsweise Maßeinheiten, den Umfang und den Rang der jeweiligen Leistungen ausdrücken.

Es ist offenkundig, daß die Realität der *heutigen* Werbung von diesem Leitbild der vergleichsgeeigneten oder gar -fördernden Werbung mit der Marktleistung in vielen Bereichen weit entfernt ist und daß bei wirklichkeitsnaher Betrachtung der Situation der Absatzpolitik einiger Branchen auch keine Aussicht besteht, daß eine Trendwende zu einer thematischeren Werbung mit marktrelevanten Daten in absehbarer Zukunft stattfinden wird. Auf einigen Märkten zeichnet sich jedoch eine gegenteilige Entwicklung ab oder sind zumindest Gegebenheiten vorhanden, die Ansätzen zu einer leistungsgerechteren Werbung gewisse Erfolgschancen bieten[81].

Andererseits sind die Schwierigkeiten unverkennbar, die sich einer Kennzeichnung des leistungsgerechten Werbeverhaltens entgegenstellen. Sie beginnen bereits bei dem Schlüsselbegriff der informativen Werbung und der Art und Weise, wie und ob er überhaupt abzugrenzen ist von derjenigen werblichen Absatzförderung, die mehr oder weniger schlagwortartig mit Attributen wie „unsachlich", „manipulativ" oder, besonders häufig, „suggestiv" belegt wird.

Entscheidend dürfte sein, wie weit man den Begriff der Information (i. S. v. Informations*verhalten*) über ein Angebot auszudehnen bereit ist[82]. Die Spannweite, die sich dabei auftut, reicht von einem engen Verständnis im Sinne der ökonomischen Modelltheorie[83] bis zu so weitgehenden Interpretationen wie der von *Streißler*[84], der auch die Vervollständigung halbfertiger Bedürfnisstrukturen als Funktion von Werbebotschaften und Erfüllung eines bestehenden Informationsbedürf-

---

[81] Vgl. dazu u. 6.2.2.

[82] Ähnlich *Streißler*, ZfNök 1965, S. 245 ff.; vgl. ferner bereits o. 5.1.1. (bei Fn. 27).

[83] Dazu *Streißler*, ZfNök 1965, S. 245 ff.

[84] ZfNök 1965, S. 256 ff.

nisses begreift. Indes kommt es für die Problematik des leistungsgerechten Werbewettbewerbs nicht darauf an, eine scharfe Trennungslinie zwischen „suggestiver“ und informierender Werbung zu finden[85]. Ein derartiger Versuch wäre schon deshalb unrealistisch, weil die Werbewirklichkeit typischerweise informative mit suggestiven Elementen *kombiniert*[86], weder die eine noch die andere Eigenschaft also in reiner Form existiert. Vielmehr reicht es hin, schwerpunktmäßig eine Abgrenzung der Anteile mit Sicherheit informativer und mit Gewißheit als suggestiv einzuordnender Komponenten[87] unter Ausklammerung der einer eindeutigen Beurteilung nicht zugänglichen Anteile vorzunehmen. So wirkt mit Sicherheit *informativ* eine Werbung, die marktrelevante Daten liefert, Angaben also, die überindividuell entscheidungserheblich sind. (Preise, Güteklassen, Maße, etc.).

Die Wirkungsweise *suggestiver* (Kauf-)Werbung ist, *Loewenheim*[88] folgend, vor allem[89] dadurch gekennzeichnet, daß sie den potentiellen Kunden[90] in einen von ihm regelmäßig nicht kontrollierbaren *Span-*

[85] Was nichts daran ändert, daß *jedem* Versuch der Trennung zwischen suggestiver und nicht-suggestiver Kommunikation ein *Menschenbild* zugrunde liegt, das auf einer Höherwertigkeit des „rationalen“ Persönlichkeitsanteils gegenüber dem schwer bis nicht beherrschbaren (triebhaften) Unbewußten beharrt. Nur ein derartiges Wertgefälle läßt es zu, in der Umgehung der einen und der bevorzugten Ansprache der anderen („suggestiblen“) Persönlichkeitsschicht das Wesensmerkmal der Suggestion zu sehen, wie es bereits aus der Etymologie dieses Ausdrucks (lat.: subgero = ich schiebe unter) folgt; vgl. *Stokvis / Pflanz*, Suggestion, S. 5.

[86] Worauf *Loewenheim*, GRUR 1975, S. 99, 101, hinweist. Zumindest gilt dies für die sog. *Sprungwerbung* der Hersteller mit den Endverbrauchern als Adressaten, die in diesem Zusammenhang im Mittelpunkt steht; vgl. *Hoppmann*, Binnenhandel und Binnenhandelspolitik, S. 157.

[87] Daß es sich um die Qualität und das Gewicht von *Komponenten* (und nicht um eine Pauschalbewertung einer ganzen Werbeaussage) handelt, übersieht *Schenk*, S. 63. Er verkennt zudem, daß in diesem Zusammenhang (nämlich der Art und Weise des Zustandekommens werblicher bzw. wettbewerblicher Erfolge) die *Wirkungsweise* und nicht der quantitative Informationsgehalt einer Werbung maßgeblich sein muß. Entgegen *Schenk* (a. a. O.) ist ‚informativ‘ in diesem Kontext *funktional* zu verstehen, als kommunikative Informations*vermittlung*. So betrachtet sind ‚informative‘ und ‚suggestive‘ Werbekomponenten durchaus alternativ unterscheidbar.

[88] GRUR 1975, S. 99, 100 u. 105.

[89] Auch diese Beschreibung hebt nur einen schwerpunktmäßig ausgewählten Teilaspekt hervor. Die Vielzahl denkbarer suggestiver Beeinflussungsversuche (dazu *Meyer-Dohm*, Sozialökonomische Aspekte der Konsumfreiheit, S. 263) läßt a priori den Versuch einer universellen, echten Definition auf höherem Abstraktionsniveau wenig sinnvoll erscheinen. Ebenso *Benesch*, Die Suggestion in der Werbung, S. 212 („Suggestion ist lediglich ein Oberbegriff für divergierende Phänomene ...“).

[90] *Blickenstorfer* (Die Stellung der Werbung im Marketing der Produktionsgüterindustrie, S. 144 f.) weist darauf hin, daß in der Werbung für Produktionsgüter emotionale Appelle zwar eine geringere Rolle als im Konsumgüterbereich spielen, für die Erfolgsoptimierung jedoch nicht auf emotional-persönlichkeitsbezogene Elemente verzichtet werden kann.

nungszustand zu versetzen vermag, der als vorrangig durch den Kaufakt lösbar empfunden wird[91]. Aufgebaut wird dieses psychische Spannungsfeld, indem suggestive Werbung ein an den wirtschaftlichen Kaufvorgang gekoppeltes *Zusatzbedürfnis* außerökonomischer Natur schafft oder fördert, das für eine Entscheidung über die Befriedigung oder Nichtbefriedigung eines Bedürfnisses nach dem Kaufgegenstand normalerweise maßgebliche Überlegungen oder Bewußtseinswiderstände neutralisiert. Als Folge einer erfolgreichen derartigen Beeinflussungsstrategie für die Funktion der Marktgegenseite läßt sich feststellen: Der Kunde geht seiner marktwirtschaftlichen Rolle als autonomes Wirtschaftssubjekt verlustig. Er trifft wirtschaftliche Entscheidungen auf subtile Weise unfrei, weil in ihm durch eine entsprechende Werbung[92] psychische Abläufe in Gang gesetzt werden, denen ein Großteil der Konsumenten weder rationale noch seelische Abwehr- oder Kontrollmechanismen entgegensetzen kann. Das gilt ganz besonders für so elementare und permanent vorhandene Vitalbedürfnisse[93] wie Sicherheit, Gesundheit und soziale Anerkennung[94] und ihre Verknüpfung mit dem objektiven Grundnutzen einer Ware oder Dienstleistung.

Es muß kaum betont werden, daß diese Art der Werbung in ihren vielfältigen Stufengraden und Erscheinungsformen markttransparenz*mindernd* wirkt, indem sie von einem rationalen Leistungsvergleich ablenkt und ihn unterläuft. Freiheit der Kundenentscheidung, Markttransparenz und Wettbewerb, das wird hier besonders deutlich, bedingen einander. Die Auslese der besten Leistung durch den rationalen Wahlakt des Nachfragers wird mit suggestiver Werbung verfälscht, indem sie aus dem Entscheidungsbereich der Nachfrageseite in jenen der Anbieter verlagert wird; ein Verhalten mit der eindeutigen Tendenz, sich der Abstimmung über das optimale Angebot zu entziehen[95].

---

[91] *Loewenheim*, GRUR 1975, S. 105, neigt in seiner Darstellung allerdings zu einer *Generalisierung* des Drucks, den außerwirtschaftlich-emotionale Motivelemente auszuüben vermögen. Wenn sich Verallgemeinerungen in diesem Zusammenhang auch als notwendig erweisen, sollte dennoch grundsätzlich der Aspekt der individuellen Widerstandskraft *(Reaktanz)* gegen die versuchte Suggestion nicht außer acht gelassen werden (dazu *Scherhorn*, ZVP 1977, S. 20, 24 f., und *Kroeber-Riel*, Werbung als beeinflussende Kommunikation, S. 145 ff.).

[92] Vgl. die Beispiele bei *Loewenheim*, GRUR 1975, S. 100 f., sowie insbesondere das Beispiel für Suggestion durch *soziale Regulation* bei *Benesch*, S. 228.

[93] Die zudem als Schlüsselreize bei der Suggestion mit sog. Symbolmanipulatoren Anwendung finden, vgl. *Benesch*, S. 223.

[94] Die werbliche Funktionalisierung der sozialen Prägung menschlicher Existenz mittels „Suggestion durch soziale Regulation" (*Benesch*) geschieht ferner vor allem mit Hilfe von Appellen an Außenseiterfurcht und Sozialprestige, dazu *Benesch*, S. 221.

[95] *Loewenheim*, GRUR 1975, S. 107.

Suggestivwerbung ist mit dem Gedanken des leistungsgerechten Werbungswettbewerbs deshalb nicht in Einklang zu bringen.

Dagegen mag eingewendet werden, daß unter dem Gesichtspunkt des *immateriellen Zusatznutzens*, der mit der materiellen Bedürfnisbefriedigung verbunden wird und den Kaufakt als Gesamterlebnis qualitativ aufwertet, die Beurteilung der suggestiv wirkenden Werbung, wie sie hier erfolgt, zu negativ, da zu einseitig, ausfalle. Dem ist zu entgegnen, daß auch bei Anerkennung gewisser positiver Effekte dieser Werbung auf subjektiver Ebene für sie jedenfalls nicht der Rechtfertigungsgrund des rechtlich geschützten Wettbewerbs in Anspruch genommen werden kann, der hier im Mittelpunkt steht: Weder die ökonomische noch die freiheitssichernde Komponente des institutionellen Wettbewerbsschutzes erfassen im Bereich des Psychischen liegende Zusatznutzen[96]. Der ökonomische Normzweck erlaubt keine Beeinträchtigung der aktiven Rolle der Nachfrageseite bei der Auslese des optimalen Angebots, indem Anbieter durch bestimmte Wettbewerbsmethoden für diese Auslese den entscheidenden Ausschlag geben. Der freiheitssichernde Normzielkomplex des GWB ist unvereinbar mit der freiheitsmindernden unkontrollierten psychischen Beeinflussung der Abnehmer durch suggestive Werbung.

Ausgesprochen suggestive Werbung übt nach alledem einen negativen Einfluß auf die Transparenz eines Marktes aus. Sie verringert die Möglichkeit rationaler Leistungsvergleiche und verfälscht die Auslese anhand von Leistungskriterien wirtschaftlicher Art. Ihre Wirkung einer Minderung der Marktübersicht steht prinzipiell in Widerspruch zu dem Gedanken des leistungsgerechten Werbungswettbewerbs im Sinne von § 28 Abs. 2.

Marktintransparenz auf der Nachfrageseite wird aber auch durch andere Formen der Werbung gefördert. Neben der sog. *Lockvogelwerbung*[97], deren Probleme im Bereich der Unlauterkeit liegen und damit außerhalb der hier behandelten Thematik, ist es vor allem die sog. Werbung mit *Vorspannangeboten*, der ein ursächlicher Beitrag nachgesagt wird.

Dem kann jedoch hinsichtlich der nach höchstrichterlicher Rechtsprechung[98] heute allein noch zulässigen *ungekoppelten* Vorspannangebote[99] nicht zugestimmt werden. Im Fall der *Kaffeefilialisten*, an deren Vorgehen sich der Streit entzündet hat und auch jetzt noch virulent ist, handelt es sich bei der Werbung mit dem Angebot branchenfremder

[96] Ähnlich auch *Loewenheim*, GRUR 1975, S. 99, 107.

[97] Zu Begriff und Problematik *Lorenz*, Lockvogel- und Sonderangebote, GRUR 1976, S. 512 ff.

[98] Grundlegend BGHZ 65, 68, seither st. Rspr.

[99] Dazu ausführlich *Sack*, WRP 1975, S. 65 ff.

Ware im Kern um eine Werbung mit ausgesprochen niedrig angesetzten (kalkulierten) Preisen, also um leistungsbezogene Werbung[100]. Angegriffen wird diese Sortimentsausdehnung, die im Kaffeevertrieb im übrigen historische Vorbilder besitzt[101], bezeichnenderweise regelmäßig nicht von sonstigen Kaffeeanbietern, sondern von Konkurrenten auf den Märkten der jeweiligen branchenfremden Ware[102]. Der Anlockeffekt der preiswerten, aber angesichts des großen Absatzerfolgs mancher Artikel äußerst gewinnbringend kalkulierten[103] Angebote mag manchen ihrer Käufer veranlassen, en passant auch Kaffee zu erwerben. Darin ist jedoch keine Besonderheit zu erblicken, vielmehr ein Kaufverhalten, das für Mehrproduktengeschäfte typisch und etwa hinsichtlich der Vertriebsstruktur im Kaufhaussektor niemals beanstandet wurde[104]. Es ist überzeugend nachgewiesen worden, daß der Vertrieb branchenfremder Ware im Kaffeehandel seinen Ursprung in der Konkurrenzsituation besitzt, in der sich die Filialisten gegenüber dem Lebensmitteleinzelhandel großen Stils, vor allem den Warenhäusern, befinden[105]. Die Mischkalkulation mit der Möglichkeit des Verkaufs unter Selbstkosten, die diesen anderen Wettbewerbern auf dem Kaffeemarkt seit jeher offenstand und genutzt wurde, wirkte sich für die ausschließlich Kaffee vertreibenden Unternehmen existenzbedrohend aus. Ein um branchenfremde Ware erweitertes Sortiment hat sich nicht allein als eine Absatzpolitik erwiesen, die dieser Lage gerecht wird. Mittlerweile hat der Vertrieb der früher als reine Vorspannware fungierenden Artikel eine eigenständige Bedeutung erlangt, derart, daß das anfängliche Ziel, für das Kaffeeangebot Aufmerksamkeit zu erregen, nach und nach in den Hintergrund trat und die Verbindung zu diesem Produkt teilweise völlig gelöst wurde[106]. Nur vereinzelt mag es daher heute noch gerechtfertigt sein, von Vorspannware zu sprechen. Die Entwicklung zu einem häufig wechselnden Angebot extrem preisgünstiger, da in hohen Stückzahlen eingekaufter Güter des normalen Haushaltsbedarfs wird von diesem Begriff kaum mehr angemessen erfaßt[107].

---

[100] So auch *Schricker / Lehmann*, Wettbewerbsrechtliche Probleme der Sortimentserweiterung und Diversifikation im Einzelhandel, WRP 1977, S. 289, 296.

[101] *Schricker / Lehmann*, S. 291 m. w. Nachw.

[102] Das gilt besonders für den Buchhandel, vgl. BGH JZ 1977, S. 27 (— *Kochbuch* —) und OLG Stuttgart WRP 1976, S. 723.

[103] Besonders instruktiv OLG Stuttgart a. a. O. (Fn. 94), S. 724.

[104] So auch OLG Stuttgart a. a. O. (Fn. 94), S. 726.

[105] *Schricker / Lehmann*, S. 290; *Borck*, WRP 1975, S. 1.

[106] Etwa im Fall des zusätzlichen Vertriebs von Tierbüchern und Kassettenkameras.

[107] *Schricker / Lehmann*, S. 290, plädieren deshalb für eine Einstufung als *ephemere Sortimentsdiversifikation*.

Aus diesen Gründen erscheint eine Rückkehr zum Einproduktvertrieb der Kaffeefilialisten nicht nur praktisch ausgeschlossen, sie wäre auch wegen des ausgesprochen leistungs-, nämlich preisbetonten Wettbewerbsverhaltens dieser Unternehmen unter dem Gesichtspunkt des wirksamen leistungsgerechten Wettbewerbs nicht wünschenswert. Eine tatsächliche Bedrohung des Fach-, beispielsweise des Buchhandels, ist im übrigen bisher nicht nachgewiesen worden[108]. Die Existenz des Wettbewerbs wird folglich unter keinem denkbaren Aspekt durch den Vertrieb branchenfremder Ware in Frage gestellt. Auch wo die Sortimentsausdehnung zugunsten fachfremder Artikel noch in nennenswertem Maß zu Werbezwecken erfolgt, ermangelt der Vorwurf leistungswidrig betriebener Kundenakquisition der Grundlage. Marktintransparenz ist weder im Hinblick auf den Kaffeemarkt noch auf den Märkten der zusätzlich vertriebenen Warengattungen als Folge dieser Absatzförderung feststellbar. Der große Erfolg der Kaffeegroßröster mit dieser Strategie hat im Gegenteil, so kann plausiblerweise vermutet werden, zu einem *neuen* Konsumentenwissen des Inhalts geführt, daß Großeinkauf und gute Distributionsmöglichkeiten über die Filialen die niedrigen Preise begründen und daß hinsichtlich des Kaffees ein Anlockeffekt erstrebt wird. Die bewußte Ausnutzung der Gelegenheit zum Erwerb der kampagneartig (Kochbücher, Tierbücher, Frühstücksbrettchen, Salatschüsseln etc.) offerierten Artikel neutralisiert eine eventuell außerdem vorhandene Motivierung zum Kauf von Kaffee: Kaffee und branchenfremde Niedrigpreisware werden nicht mehr, wie beabsichtigt, aufeinander bezogen betrachtet, sondern getrennt gesehen, wobei der besonders günstige Kauf des jeweils erhältlichen Gegenstands meist deutlich im Vordergrund stehen und nicht selten den einzigen Anlaß für den geschäftlichen Kontakt abgeben mag. Die Annahme einer werbeinduzierten unrealistischen Beurteilung von Qualitäts- und Preisunterschieden bei der Hauptware Kaffee sowie eines Verzichts auf Leistungsvergleiche überhaupt vermag daher auch unter diesem Gesichtspunkt nicht zu überzeugen. Eine Minderung der Marktübersicht infolge dieser Art der Kaffeewerbung kann nicht sicher behauptet werden.

Auf die für eine optimale Auslese nach Leistungsmaßstäben anzustrebende Konzentration der Nachfrager auf generell leistungsbezogene Hauptdaten wie Preise, Qualität und Service etc. können sich jedoch bestimmte Arten der sog. *Wertwerbung*[109] auswirken. Maßgeblich hierfür ist die Beziehung, die diese Werbung zu den Gütern hat, deren

[108] Vgl. *Droste*, GRUR 1976, S. 466 ff., 471, der im Gegenteil mit überzeugenden Argumenten davon ausgeht, daß dem Buchhandel so neue Käuferschichten erschlossen wurden, die die traditionelle Erst-Kontaktaufnahme über ihn scheuen.

[109] Im Sinne der Definition von *Pralle*, Die Wertwerbung, S. 19.

Absatz sie fördern soll. Die Enge dieser Beziehung ist sehr unterschiedlich. Völlig unbedenklich und im Gegenteil zu begrüßen ist solche Wertwerbung, die die Aufmerksamkeit auf die angebotene Leistung und ihre Merkmale hinleitet[110]. Sie schafft mitunter erst die Voraussetzungen dafür, daß ein Leistungsvergleich stattfindet. Dies gilt in besonderem Maß für Warenproben[111], die ein Kennenlernen der Qualität ohne Kostendruck ermöglichen. Eine derartige Werbung mit *Gratis-* und *Kostproben* stellt sich ausdrücklich einem Leistungsvergleich in qualitativer Hinsicht und erhöht die Qualitätstransparenz auf dem betreffenden Markt.

Anders eine Wertwerbung, die auf einen Bezug zum Absatzgegenstand bewußt verzichtet und die Aufmerksamkeit der Umworbenen auf diese Weise von ihm abzieht. *Borck*[112] spricht von *„aggressiver"* Wertwerbung, die einen Angriff auf die Entscheidungsfreiheit des Verbrauchers enthalte, dessen rationale (ökonomische) Bedenken zerstreut werden sollten, indem er, der suggestiven Werbewirkung vergleichbar, in eine seelische Spannung versetzt wird, aus der ihn, gewissermaßen in gefühlslogischer Weise, primär ein Kauf befreien kann. Die Befriedigung des nicht-ökonomischen Bedürfnisses nach Lösung von dem Druck, den Gefühle des Anstands oder der erweckten Dankbarkeit erzeugen, ist notabene kein selektiv-wirtschaftlicher Akt, sondern zutiefst leistungsfremd,

Allerdings läßt sich diese Werbeart nicht in einen unmittelbaren Zusammenhang mit dem Kriterium der *Markttransparenz* bringen. Zwar ist sie hinsichtlich ihrer Auswirkungen auf die wettbewerbliche Auslese der besten Leistung eindeutig negativ zu bewerten. Sie steht in krassem Gegensatz zu dem Postulat der Beachtung der Wirksamkeit eines leistungsgerechten Wettbewerbs in § 28 Abs. 2. Indes ist die Relevanz aggressiver Wertwerbung für die Preis- und Qualitätsübersicht der mit ihr in Berührung geratenen Verbraucher niedrig anzusetzen. Gerade wenn der zugewendete Vorteil das ausschlaggebende Motiv für den Kaufentschluß war, ist die Verdrängungswirkung dieser Werbung an die kombinierte Darbietung von Haupt- und Nebenobjekt gebunden. Eine anhaltende Änderung der Käuferpräferenzen ist unwahrscheinlich. Vielmehr wird es sich lediglich um eine einmalige[113] Wahlbeeinflussung handeln, die für die bereits vorhandene oder die Disposition für eine erweiterte Marktübersicht der betreffenden Nachfrager belang-

---

[110] Ebenso *Borck*, WRP 1976, S. 285, 287.

[111] Mit den Einschränkungen des *Kleenex*-Urteils des BGH (NJW 1965, S. 1325) für das massenweise kostenlose Verteilen von Originalware zu Werbezwecken, vgl. dazu auch BGH GRUR 1975, S. 26 (— *Colgate* —).

[112] WRP 1976, S. 287.

[113] Wobei der Grad marktwirtschaftlicher Dysfunktionalität dieser Wahlakte mit deren Gegenständen und ihrem Wert allerdings zunimmt.

los bleibt. Allein die Konsequenz, sich auf der Grundlage von Marktleistungsdaten ökonomisch zu verhalten, wird von einer mehr oder minder großen Zahl von Verbrauchern infolge aggressiver Wertwerbung nicht gezogen.

Als Resümee ergibt sich, daß sich im Sinne einer Marktintransparenz in erster Linie solche Formen der Absatzwerbung auswirken, die die Tendenz aufweisen, die Kunden von der Beachtung vor allem von Marktgrunddaten des Werbeobjekts abzulenken. Allerdings läßt sich ein solcher Effekt nur von suggestiver Werbung mit der notwendigen Sicherheit behaupten. Die transparenzmindernde Bedeutung suggestiver Werbung besteht darin, daß sie auf subtil-psychologischem Weg von ihr erreichte Kunden daran hindern kann, Marktdaten zu registrieren, zu vergleichen und mit Hilfe der aus solchen Vergleichen gewonnenen Erkenntnisse die für sie günstigste Leistungskombination auszuwählen. Sog. *aggressive* Wertwerbung wirkt hingegen stets transparenz*neutral* und steht jedenfalls unter dem Transparenzaspekt nicht in Widerspruch zu dem Gedanken der marktleistungsgerechten Wettbewerbsauslese.

Als ein genereller Aspekt der funktionalen Beziehung zwischen Werbung und Markttransparenz ist schließlich die sog. *produktdifferenzierende* Wirkung der Werbung anzuführen, die vor allem auf dem Markenartikelsektor eine große Bedeutung hat[114]. Dieser spezielle Effekt der Absatzwerbung kann u. U. eine Verringerung der Markttransparenz herbeiführen und Leistungsvergleiche erschweren. Mit *Röper*[115] ist jedoch festzustellen, daß eine Minderung der Übersehbarkeit eines Marktes jedenfalls dann unterbleibt, wenn die beabsichtigte Differenzierung durch Informationen über marktrelevante Daten erfolgt. Ein insoweit negativer Effekt tritt also regelmäßig nur dann auf, wenn ausschließlich auf psychischer Ebene differenziert wird, etwa indem bestimmte Vorstellungen über einen immateriellen Zusatznutzen eines Produkts die Vergleichbarkeit der Elemente des Grundnutzens beeinträchtigen oder ihren Anteil am Gesamtvergleich einschränken.

Der Ansatzpunkt für eine Kritik dieser leistungswidrigen Einflüsse der werblichen Produktdifferenzierung liegt also im wesentlichen im Bereich der bereits erörterten Problematik der sog. *Suggestivwerbung* in ihrer Beziehung zu dem Grad der auf den einzelnen Märkten vorhandenen Transparenz. Es wird daher insoweit auf die diesbezüglichen Ausführungen verwiesen.

---

[114] *Blume / Röper*, Werbung für Markenartikel — Auswirkungen auf Markttransparenz und Preise (Teil A), S. 38, sowie *Röper* dort (Teil B), S. 252 ff.

[115] A. a. O. (Fn. 104), S. 278 (zur Markenartikelwerbung).

5.2.2. Markttransparenzneutrale Verdrängung von Leistungsargumenten aus einer Vielzahl von Kundenentscheidungen als Folge verschiedener Formen der sog. Wertwerbung

5.2.2.1. Aggressive Wertwerbung

Die vorhergehenden Erörterungen ergaben u. a., daß eine Verdrängung leistungsbezogener Gründe für eine relevante Anzahl von Kundenentscheidungen nicht notwendig als Folge eines werbeinduzierten Mangels an Markttransparenz auftreten muß. Am Beispiel der sog. aggressiven Wertwerbung wurde deutlich, wie ein Gewähren oder Inaussichtstellen hauptleistungsfremder Vorteile zwar die Marktgegenwärtigkeit des Absatzobjekts, auch wenn sie sich negativ darstellt, im wesentlichen unberührt läßt, *neue,* im Verhältnis zu ihr sekundäre Motivationen aber ursächlich für eine Zurückstellung an sich existenter restriktiver Entscheidungselemente werden können. Diese Zurückstellung kann sich zum einen aufgrund überwiegender ökonomischer Vorteilhaftigkeit der gesamten angebotenen Werte (Absatzobjekt und sekundärer Wert) ergeben, so daß eine faktische Kompensation negativer Angebotselemente erfolgt[116]. Sie kann zum anderen, und das dürfte der Regelfall sein, auf ausschließlich *emotionaler* Ebene angesiedelt sein, vor allem dergestalt, daß Gefühle wie Dankbarkeit, Sympathie für Geber und/oder Gegenstand der Wertwerbung motiviert werden, die eine irrational dominierte Verpflichtung oder Neigung zum Erwerb der als Einheit präsentierten und als solche empfundenen Paarung von Absatz- und Wertwerbeobjekt erzeugen.

Die viel häufigere zuletzt genannte Form aggressiver Wertwerbung dürfte zutreffend als eine Variante suggestiver Werbung zu kennzeichnen sein, deren Besonderheit darin besteht, den sekundären Wert als spezifisches Medium ihrer Motivationsabsicht einzusetzen. Die wohl seltenere, ökonomisch bestimmte Kundenentscheidung für die Abnahme auch des Absatzobjekts aufgrund der Wertwerbung unterscheidet sich davon insofern, als bei ihr die Kombination von Haupt- und Nebenwert rational kontrolliert als wirtschaftlich vernünftig beurteilt wird. Beiden Wirkungsarten der erfolgreichen aggressiven Wertwerbung ist aber gemeinsam, daß sie zwar die Bedingungen eines Leistungsvergleichs bestehen lassen, ihn entweder ganz oder partiell jedoch *neutralisieren,* indem sie entweder schon seine Vornahme oder doch die Schlußfolgerung aus einer negativen Bewertung durch den Kunden verhindern. Die vorhandene Marktgegenwärtigkeit bleibt mit anderen Worten folgenlos; auch wenn sie zur Ablehnung des Hauptobjekts ge-

---

[116] Als Beispiel sei genannt, daß der Gegenstand der Wertwerbung die Nutzung des Hauptprodukts erleichtert, etwa ein attraktiver Meßlöffel die Dosierung von Kaffeepulver, und beide nur gemeinsam erhältlich sind (Zubehör), z. B. in oder an der gleichen Packung.

eignet ist und im Normalfall, ohne das Angebot der Wertwerbung, auch dazu führte.

Werden an die werblich dargebotenen oder sonst zugänglichen leistungsbezogenen Merkmale des Absatzobjekts hier wie dort keine Konsequenzen hinsichtlich des Ergebnisses der Kundenentscheidung geknüpft, widerstreitet solche Wertwerbung der geforderten *Prädominanz der Leistung* im wettbewerblichen Erfolgsausleseverfahren. Ein Verzicht auf derartige Werbemaßnahmen innerhalb von Werberegeln nach § 28 Abs. 2 kann daher in Erwägung gezogen werden.

5.2.2.2. *Werbepreisausschreiben und Werberätsel*

Die mit Werbepreisausschreiben, Werberätseln und verwandten Formen der Stellung von Aufgaben erreichten Effekte im Verhalten der Werbezielgruppen lassen sich nicht undifferenziert beurteilen.

Das in Anlehnung an *Borck*[117] gewonnene allgemeine Kriterium der Nähe zum Absatzobjekt und seinen besonderen Daten ist zweckmäßigerweise auch auf diese Variante der Wertwerbung und ihr Verhältnis zur Leistungsgerechtigkeit in der Werbung anzuwenden. Unterschieden werden muß daher vor allem zwischen solchen Veranstaltungen, die auf objektive, definitionsgemäß leistungsbezogene Merkmale des Absatzobjekts ausgerichtet sind und solchen, die zu ihm in keiner oder nur sehr entfernter Beziehung stehen.

Während die erstgenannte Gruppe den Informationsstand ihrer Adressaten markttransparenzneutral unbeeinträchtigt läßt, ihn mitunter sogar heben kann, bestehen Bedenken gegen leistungsfremde Inhalte der zu lösenden Aufgaben. Die Verankerung im Bewußtsein der Umworbenen, die *Feldtransparenz*[118] also, die derartige Aktionen bewirken und erhöhen sollen, geschieht marktfern. Die spezifischen Angriffsflächen für marktkonforme Gegenreaktionen der Konkurrenten fehlen ebenso wie ein Bezugspunkt für die rationale Kundenentscheidung im Hinblick auf den Absatzgegenstand. Die Falsifizierung von Leistungsargumenten kann nicht stattfinden, weil auf diese Argumente a priori verzichtet wird. Es handelt sich mit anderen Worten um eine Art der *psychologischen Produktdifferenzierung,* die ohne objektiv-ökonomische Entsprechung in der Marktsituation für das angebotene Objekt bleiben soll. Ihr wesentliches Kennzeichen besteht in diesem fehlenden Komplementärverhältnis von Werbung und Markt.

Eine Werbung, die sich solchermaßen markt- und damit wettbewerbsunabhängig darstellt, ist notwendig unvereinbar mit dem Postulat des leistungsgerechten Werbewettbewerbs. Ihre freiwillige Einschränkung

---

[117] WRP 1976, S. 285, 287; vgl. ferner o. 5.2.1 bei Fn. 101.

[118] Vgl. Fn. 30.

in Form eines Werbeverzichts unter den Bedingungen der §§ 28 ff. würde eine Optimierung dieses Wettbewerbssektors bedeuten, die sich zudem auf die Kostenbelastung mittelständischer Konkurrenten positiv auswirkte, wenn diese in der Folge nicht mehr zu einem Nachvollzug genötigt wären.

5.2.2.3. *Gratisverlosungen*

Gewinnspiele und sonstige einsatzfreie Verlosungen wirtschaftlicher Werte stellen gleichfalls eine Form der markttransparenzneutralen, zugleich aber nicht leistungsgerechten Wertwerbung dar.

Soweit die Wirkung derartiger Aktionen in einer erhöhten Feldtransparenz des Absatzobjekts des Veranstalters besteht, z. B. in der Restabilisierung eines bereits etablierten Markenartikels, gelten die gleichen Bedenken, die gegenüber dem nonargumentativen Teil der Werbepreisausschreiben und dgl. erhoben werden müssen. Allerdings ist zu berücksichtigen, daß die Bedeutung von Gratisverlosungen heute vielfach neben der Absatzförderung darin besteht, daß aus der Beteiligungsquote Rückschlüsse auf die Zahl der Werbeberührten[119] gezogen werden können. Nebenzweck dieser Werbegattung ist also eine Werbemittelerfolgskontrolle[120].

Indes darf diese verdeckte Zweitfunktion, mag sie mitunter sogar vor dem Werbezweck rangieren, nicht dergestalt verabsolutiert werden, daß sie regelmäßiger oder gar alleiniger Anlaß zu Gratiswerbeverlosungen wäre. Die Aufmerksamkeit des Konsumenten für den in Aussicht gestellten materiellen Anreiz wird selbstverständlich instrumentell genutzt, um die subjektive Präsenz von Veranstalter und Absatzobjekt zu stabilisieren und zu fördern. Werbemittelanalysen und -erfolgskontrollen sind demgegenüber sekundäre Zwecke, die durch Mediaanalyse und Werbeeindruckstest (impact-test) als selbständige Untersuchungsmethoden zudem präziser erreicht werden können. Der Verzicht auf den leistungsinkonform erzielten Aufmerksamkeitswert dieser Werbeart kommt daher unabhängig von der Besonderheit dieses Werbemittels ebenfalls als Bestandteil einer WBR in Frage.

---

[119] *Seyffert*, Werbelehre, Bd. 1, S. 89, bezeichnet mit diesem Ausdruck diejenigen Rezipienten eines Werbemittels, bei denen dieses eine Sinneswirkung ausgelöst hat.

[120] Insofern besteht eine starke funktionelle Ähnlichkeit mit dem sog. *Coupon-Test*, bei dessen Reinform jedoch allein das Informationsbedürfnis der Einsender über den Rückfluß entscheidet, während die Gewinnverlosung mit materiellen Anreizen arbeitet.

5.2.2.4. Insbesondere: Werbepreisausschreiben, -rätsel und Gratisverlosungen sowie sonstige aggressive Wertwerbung mit der Zielgruppe des Handels und seines Ein- und Verkaufspersonals

Die soeben behandelten markttransparenzneutralen, gleichwohl jedoch leistungsinadäquaten Varianten der Wertwerbung werden von einigen Herstellern und Großhändlern auch zu dem Zweck eingesetzt, Präferenzen bei *Angehörigen der Handelsstufe* zu erzeugen, um deren Einfluß auf den Absatz beim Endabnehmer für sich günstig zu beeinflussen[121]. Diese Verhaltensweisen benachteiligen in mehrfacher Hinsicht jene Lieferanten, die nicht zu diesen Werbemitteln greifen können oder wollen: Ihr Wettbewerbserfolg wird aufgrund der Beeinträchtigung des kaufmännischen Auswahlvorgangs nach Leistungskriterien dadurch gemindert, daß ihre Produkte im Handel bei vergleichbarer Leistung möglicherweise schlechter aufgenommen werden als die der Werbenden. Insbesondere bei einer entsprechenden Einwirkung auf das *Verkaufspersonal* sinken ihre wettbewerblichen Chancen, falls auf diese Weise eine Bevorzugung des Konkurrenzobjekts im händlerischen Angebot an den Endabnehmer erreicht wird. Dazu kann es vor allem dann kommen, wenn das Beratungsverhalten des Händlers oder seiner Mitarbeiter, wie etwa im Fachhandel, bei der Kundenentscheidung häufig erheblich und oft ausschlaggebend ins Gewicht fällt. Die Durchsetzungskraft der besseren Leistung wird so behindert oder gar neutralisiert, das Ergebnis der wettbewerblichen Leistungsauslese mehr oder weniger verfälscht. Die wichtigste Entscheidungsinstanz innerhalb des marktwirtschaftlichen Systems, der Endabnehmer, kann durch die emotionale Einstimmung des Zwischenhändlers oder seiner Angestellten desinformiert oder unvollkommen von den Marktdaten erreicht werden, die ihn andernfalls positiv oder negativ hätten beeinflussen

---

[121] Ein Beispiel aus dem Verlagssektor mag zur Illustration dieser Fallgruppe dienen: Zur Werbekampagne für einen als Bestseller projektierten Trivialroman bemerkt DIE ZEIT vom 16. 9. 1977, S. 47: „Gnadenlos und verschwenderisch glänzend zugleich ist die Werbung für derlei literarische Eintagsfliegen: Unter den Empfängern der 3800 Leseexemplare, die der Verlag an Buchhändler verschickte, fand eine Auslosung statt, um Verkäufer zu ermitteln, die auf Verlagskosten zur ‚Book Party' nach New York jetten und die Schauplätze des Romans besichtigen durften. ..." Dieses Sonderproblem hat ferner Eingang in die *„Gemeinsame Erklärung von Organisationen der gewerblichen Wirtschaft"* (MA 1975, S. 464 ff.) gefunden. Unter 12. formulierten die Spitzenorganisationen der gewerblichen Wirtschaft und andere Verbände: „(Nach gemeinsamer Auffassung gefährden folgende Verhaltensweisen den Leistungswettbewerb:) Die Beeinflussung von gewerblichen Abnehmern oder deren Mitarbeitern dadurch, daß für sie Preisausschreiben oder Reisen veranstaltet, Gewinne ausgelost, Display-Artikel mit Zweitnutzen, Prämien oder sonstige geldwerte Vorteile durch den Lieferanten gewährt werden, um Bestellungen oder eine bevorzugte Behandlung ihrer Erzeugnisse herbeizuführen oder den Verkauf von Erzeugnissen anderer Lieferanten zu unterbinden oder zu beeinträchtigen."

können. Die Wettbewerbsfunktion der Erfolgsverteilung durch die Abstimmung der Marktgegenseite über das beste Angebot wird teilweise ausgeschaltet.

Die erfolgreich betriebene markttransparenzneutrale Wertwerbung von Herstellern und sonstigen Verkäufern auf der Handelsstufe ist nach alledem eine der negativsten Erscheinungsformen der nicht leistungsgerechten Werbung[122]. Ihre Einschränkung durch Selbsthilfebemühungen mittels branchenbezogener WBRn könnte ein gangbarer Weg sein, die Funktionsfähigkeit des Wettbewerbs an der entscheidenden Stelle des Handels zu sichern und zu verbessern[123].

5.2.3. Die Wirksamkeit eines leistungsgerechten Wettbewerbs unter dem Gesichtspunkt konzentrativer Werbeeffekte

Wie bereits[124] betont wurde, geht die Ergänzung von § 28 Abs. 2 wesentlich auf die Überzeugung der Bundesregierung zurück, daß ein größeres Gewicht der Leistungsresultate im Prozeß der Auslese durch den Wettbewerb die konzentrative Entwicklung der Märkte zu Lasten kleiner und mittlerer Unternehmen zumindest verlangsamen könne. Diese These soll hier nicht in Frage gestellt werden. Eine spezifisch *juristische* Aufgabe ist es hingegen, zu untersuchen, wie die erörterten[125] Oligopolisierungstendenzen der Absatzwerbung unter dem Aspekt des leistungsgerecht zu führenden Werbewettbewerbs und seiner Wirksamkeit für die marktleistungsabhängige Einkommensverteilung beurteilt werden müssen.

Konzentrationsfördernd wirken sich, wie theoretische Analysen ergeben haben, vermutlich die kapitalmäßig bedingte geringere Zugangsmöglichkeiten der mittelständischen Unternehmen zu besonders effizienten Werbemethoden aus. Diese geringeren Zugangsmöglichkeiten stehen auch einer Absicht solcher Unternehmen entgegen, die *allokalisierende* Funktion der Absatzwerbung zu nutzen und sich mit ihrer Hilfe das Absatzpotential überregionaler Märkte optimal zu erschließen. Ihre Expansionschancen werden gemindert, wenn sie solchermaßen gehindert sind, Werbung als Distributionshilfe in größerem Umfang wirkungsvoll einzusetzen. Es leuchtet unmittelbar ein, daß noch so große

---

[122] Daß diese Werbeform mitunter auch als unlauterer Wettbewerb beurteilt werden muß, veranschaulichen mehrere BGH-Entscheidungen, vgl. vor allem BGH GRUR 1971, S. 223, 225 (— *„clix-Mann"* —) und BGH GRUR 1974, S. 394, 395 (— *Verschlußkapselprämie* —).

[123] Ein erster Schritt hierzu ist § 3 Ziff. 4 der WBRn des *Deutschen Kaffee-Verbands:* „(Unzulässig sind insbesondere: ...) Das Anbieten und/oder Gewähren von Geld- und Sachleistungen (Prämien und dgl.) an das Personal von Abnehmern oder an die Abnehmer selbst, um diese unsachlich zu beeinflussen"; vgl. WuW 1978, S. 32 f.

[124] S. o. 2.2.2.

[125] 4.2.2.2.

Leistungsanstrengungen in qualitäts- und preismäßiger Hinsicht nicht die ihnen im Wettbewerb gebührende Aufmerksamkeit finden können, wenn eine dem Vergleich mit der Werbung der Großunternehmen bei weitem nicht standhaltende Absatzförderung betrieben wird. Die anzustrebende Relation zwischen dem Einsatz der typischen unternehmerischen Fähigkeiten und Mittel im Wettbewerb einerseits und dem Wettbewerbserfolg andererseits wird nur sehr unvollkommen verwirklicht. Die Alternativen der kleinen und mittleren Unternehmen bleiben einem Großteil potentieller Interessenten unbekannt. Die Vergleichskomponente des Wettbewerbs und damit seine Auslesefunktion, nach den Kriterien der Marktleistung die Rangfolge der Konkurrenten durch die Wahl der Nachfrager bestimmen zu lassen, werden weitgehend unrealistisch.

Der Zwang zur Kompensation dieses Nachteils durch größere Bemühungen im Bereich von Preis, Qualität und Service etc., der von dieser Situation für große Teile des wirtschaftlichen Mittelstands ausgeht, führt nur vordergründig betrachtet zu für die Nachfrageseite positiven Effekten. Dieser derart ausgeübte oder verstärkte Druck ist nicht selten ein *Existenzdruck*, dem nur vorübergehend, wenn überhaupt, standgehalten werden kann. Marktstrukturelle Verschlechterungen als Folge wirken sich zum Nachteil potentieller Nachfrager aus.

Auch dort, wo Werbung, den genannten theoretischen Erwägungen folgend, nur einen Teilfaktor des generell stärkenden Existenzdrucks für kleine und mittlere Unternehmen bildet, ist die von ihr (teil-)induzierte Situation mit dem Ziel des wirksamen leistungsgerechten Werbewettbewerbs nicht vereinbar. Die konzentrative Wirkung der von Großunternehmen in den erfolgsintensivsten Medien mit hohem Aufwand betriebenen Werbung kann mit den Worten der *Bundesregierung*[126] zweifellos den Einsatz eines „nicht leistungsgerechten Vorteils und Vorsprungs im Wettbewerb“ darstellen.

Allerdings sind die Schwierigkeiten nicht zu verkennen, die einer Qualifizierung von Wettbewerbsvorteilen als nicht leistungsgerecht grundsätzlich im Wege stehen. Die „Beurteilung im Einzelfall“, auf die sich die Begründung des Regierungsentwurfs[127] der Zweiten Kartellgesetznovelle zurückzieht, wird stets mit vielen Unsicherheiten belastet sein.

Das gilt in besonderem Maße für den Anteil, den die Werbung an den gesamten Ursachen des wirtschaftlichen Konzentrationsprozesses hat, d. h. für die Frage, ob dieser Anteil überhaupt größenmäßig ins

---

[126] Regierungsentwurf einer Zweiten Kartellgesetznovelle (BT-Drucks. VI/2520), S. 34.

[127] (Fn. 126).

Gewicht fällt oder völlig nebensächlicher Natur ist. Der *empirische* Nachweis eines nennenswerten Beitrags der Werbung zu wirtschaftlichen Konzentrationsvorgängen ist bis heute nicht überzeugend gelungen; in Deutschland besteht insofern zudem ein Forschungsdefizit, vergleicht man die angloamerikanischen Bemühungen auf diesem Sektor der Volkswirtschaftslehre[128]. Eine solch autoritative Beweisführung jenseits der bloßen Hypothese ist aber, dies wurde schon betont[129], notwendige Voraussetzung für alle wettbewerbspolitisch motivierten Eingriffe in die Werbefreiheit der Unternehmen.

Ein weiterer, besonders bedeutsamer Teilaspekt der Wechselwirkungen zwischen Werbung und Konzentration ist der Einfluß eines hohen Werbeanteils an den Absatzmitteln auf oligopolistischen Märkten für die Bedeutung der Preise als Wettbewerbsparameter. Offenkundig stellt die Präferenz der Oligopolisten für die Werbekonkurrenz eine direkte Folge des *Preis*oligopols dar. Der Kampf um Marktanteile verlagert sich instrumentell auf die Werbung zuungunsten des Preiswettbewerbs und daher der Nachfrageseite. Sie erlaubt ihnen mit anderen Worten eine relative Preisstarrheit. Das gilt vor allem auf Märkten extrem *homogener* Güter bei gleichzeitig geringen Möglichkeiten zu objektiver Produktdifferenzierung.

Die Beschränkung der wettbewerblichen Auseinandersetzung mit anderen Oligopolisten auf die Werbung — *Müller-Henneberg*[130] spricht treffend vom „Werbekrieg der Oligopolisten" — kann zudem eine nicht unerhebliche Marktzutrittsschranke für newcomer errichten, die zwar zur Preis-, nicht jedoch zur Werbekonkurrenz im erforderlichen Umfang in der Lage sind. Preisvorstöße müssen zumindest sehr viel größer dimensioniert werden, als dies erforderlich wäre, wenn die Werbung der alten Unternehmen nicht die Austragung eines intensiven Preiswettbewerbs verhinderte.

Allerdings gilt diese Feststellung nur eingeschränkt. Für lokale und regionale Märkte erscheint die Annahme von *Hax*[131] zutreffender: Kleine und mittlere Unternehmen können mit Hilfe vor allem persönlicher Werbemittel durchaus ihre Leistungsfähigkeit in Wettbewerbserfolge umwandeln. Eine nationenweite oder gar internationale Streuung würde in aller Regel weder der Größenordnung dieser Wettbewerber noch ihrer *allmählichen* Expansion von der örtlichen zur großflächigen Distribution entsprechen[132].

---

[128] Vgl. o. 4.2.2.2.

[129] Vgl. 4.2.2.2.

[130] WuW 1962, S. 723, 728.

[131] ZfbF XVII (1965), S. 418, 430.

[132] Dazu schon o. 5.1.2.2.

Ein größenbedingt besserer Zugang zu wichtigen Werbemitteln ist demzufolge in seiner Gesamtheit nicht nachweisbar ursächlich für eine Verdrängung zur Leistungskonkurrenz fähiger mittelständischer Unternehmen, jedenfalls besteht kein naher Zusammenhang zwischen ihm und einer schlechteren Marktposition kleiner und mittlerer Anbieter. Eine *indirekte* Korrelation ist allerdings insofern anzunehmen, als die oben behandelten[133] transparenzmindernden oder ungenügend-fördernden Formen der Werbung und einige Arten der Wertwerbung dazu beitragen können, die leistungsmäßig bestehenden Wettbewerbschancen dieser Konkurrenten unzureichend zur Geltung kommen zu lassen.

[133] 5.3.1. und 5.3.2.

6. Werberegeln nach § 28 Abs. 2 als neue Möglichkeit zur selbstdisziplinären Unterstützung einer leistungsgerechten Erfolgsverteilung im Wettbewerbssystem

Die Ergänzung von § 28 Abs. 2 hat den Wirtschafts- und Berufsverbänden neue Möglichkeiten eröffnen wollen, mit WBRn außerhalb des Bereichs des unlauteren Wettbewerbs Tatbestände zu erfassen, die sowohl volkswirtschaftliche Gesamt- als auch Interessen der meisten, vor allem der mittelständischen Unternehmen, berühren. Die Grenzen dieser Möglichkeiten waren aus Gründen, die zum größten Teil schon erörtert wurden, bisher nicht sicher zu ziehen. Eine wesentliche Ursache für diese Unsicherheit mag darin bestehen, daß die bisherigen Erörterungen der Problematik weitgehend abstrakt blieben und sich, abgesehen von einer Arbeit von *Benisch*[1] über die Chance eines *Diskriminierungsverbots* in WBRn, nicht auf einzelne Bereiche des Wettbewerbs beschränkten. Klarheit läßt sich aber wohl nur bei einem größeren Maß an Konkretheit der theoretischen Aussagen zu den in der Praxis aufgetretenen Fragen gewinnen.

6.1. Leistungsbezogene Werberegeln und rationales Kundenverhalten

Leistungsbezogene Werberegeln bezwecken, primär zugunsten des funktionsfähigen Wettbewerbs, eine *rationalere,* mehr als bisher an objektiven Marktdaten orientierte Entscheidung der Nachfrager für die auf den einzelnen Märkten vorhandenen Angebote. Leistungsbestimmte, auf Preis-, Qualitäts- und Servicevorteile zurückführbare Angebotsauslese erfordert ein sachlicheres, ökonomischeres Kundenverhalten. Werberegeln sind so gesehen zugleich eine Offerte an den informationsinteressierten, kritischen Kunden, also an eine Minderheit. Das wirft verschiedene Fragen auf, deren wichtigste lauten dürfte, inwiefern die Vorstellung von der Nachfrageseite realistisch genannt werden kann, die solchen Regeln zugrunde liegt. Anders formuliert: Bedeutet der mit leistungsbezogenen Werberegeln unternommene Ansatz zu einer leistungsgerechteren Erfolgsverteilung durch die Marktgegenseite nicht einen Rückfall in ein allgemein als überholt geltendes Modellkonzept des vorrangig in Nutzenkategorien denkenden *homo oeconomicus,* des *„nothing but economical man"* der Wirtschaftsklassiker? Ferner ist zu fragen, ob nicht die dem Marktpartner inzident zu-

[1] Wettbewerbsregeln gegen Rabattdiskriminierungen, GRUR 1976, S. 448.

geschriebene Rolle des Leistungsrichters, die Idee der „Marktdemokratie" des souveränen Entscheids über die Rangfolge der Anbieter, gleichfalls längst obsolet geworden ist, so daß eine Funktionalisierung dieses Urteils Fiktion bleiben muß.

Künftige Angriffe gegen Werberegeln mit leistungsbezogenen Zwecken gingen fehl, falls sie sich auf eine derartige Einschätzung der Kundenrolle in einer modernen (sozialen) Marktwirtschaft stützten. Die geschilderten klassisch-liberalen Positionen müssen als *extreme* Standpunkte betrachtet werden, die in der Tat nicht mehr aufrecht erhalten werden können und sollten[2]. Die *Interferenz* ökonomisch-rationaler und außerökonomisch-psychisch-immaterieller (nicht notwendig unsachlicher) Momente der durchschnittlichen Kundenentscheidung zählt heute zum Festbestand der Konsumtheorie[3]. Die Lehre vom *immateriellen Zusatznutzen* beim Erwerb von Gütern und Dienstleistungen macht dies hinreichend deutlich[4]. Selbst auf dem Sektor des Produktionsgüterabsatzes sind absolut ökonomische Entscheidungen der dort vergleichsweise sachkundigeren und kaufmännisch kalkulierenden Abnehmer außerordentlich selten[5].

Die hier in Frage stehenden Werberegeln, die ebensogut als Informationsregeln bezeichnet werden könnten, können deshalb nur eine *graduelle* Aufwertung des preis-, qualitäts- und in sonstiger Weise marktleistungsbezogenen Anteils von Werbeargumentationen bezwecken. Dieses Ziel kann zudem allein auf denjenigen Märkten angestrebt werden, die objektive Leistungsunterschiede zwischen den Angeboten aufweisen, die ferner nicht bereits durch gesetzlich angeordnete Information in Werbeaussagen transparent gemacht werden müssen (*Vergleichseignung*)[6].

---

[2] Vgl. *Lange-Treis*, Konsumentensouveränität und Konsumfreiheit, MA 1972, S. 333.

Fritz Machlup hat in „Homo oeconomicus And His Fellow Man" (S. 120 der französischen Übersetzung in „Les fondements philosophiques des systèmes économiques", Paris 1967) darauf hingewiesen, daß beispielsweise schon für den Klassiker *John Stuart Mill* der wirtschaftliche Utilitarismus lediglich als hypothetische Prämisse der damaligen politischen Ökonomie ohne einen Anspruch auf Faktizität diente.

[3] Repräsentativ *Katona*, Über das rationale Verhalten der Verbraucher; *Lange-Treis* a. a. O. (Fn. 2); *Brückner*, Die informierende Funktion der Wirtschaftswerbung, S. 42 ff.; *Kroeber-Riel*, Konsumentenverhalten, S. 168 ff.

[4] Vgl. *Streißler*, ZfNök Bd. 25 (1965), S. 243, 253 ff.

[5] *Blickenstorfer*, Die Stellung der Werbung im Marketing der Produktionsgüterindustrie, S. 144 ff. mit weiteren Nachweisen.

[6] *Nicht* vergleichsgeeignet erscheinen insbesondere die Märkte für weitgehend *homogene* Güter (Benzin, Waschmittel, Zigaretten und ähnliche Güter des täglichen Bedarfs), wobei sich Qualitäts- und Preishomogenität nicht zuletzt aufgrund gesetzlicher Vorschriften ergeben können (vgl. zur Lage auf dem *Zigarettenmarkt* das Gutachten des Bundesamts für gewerbliche Wirtschaft, Anlagenband zum Bericht über das Ergebnis einer Untersuchung der

Sinnvoll erscheint schließlich eine schwerpunktmäßige Anwendung auf solche Branchen, in denen der Kunde von vornherein ein ausgeprägtes Bedürfnis nach entscheidungserheblichen Daten besitzt[7]. Dies dürfte im allgemeinen für den großen Bereich technischer Produkte mit nicht nur kurzfristiger Verweilzeit in den privaten Haushalten gelten, desgleichen ohne Einschränkung für Angebote an kommerzielle Abnehmer. Die Erleichterung zumindest der *ersten* Auswahl durch vergleichbare objektive Marktdaten (*Dateninformationen*)[8] innerhalb einer konkreten Werbung kann sich auf diesen Gebieten naturgemäß am ehesten in Form leistungsorientierter Entscheidungen der Nachfrageseite auswirken. Wo Informationsinteresse und informative Werbung *komplementär* sind, besteht die größte Chance für eine leistungsgerechtere Auslese aus dem jeweiligen Angebotsspektrum.

Stimmen aus der Werbepraxis[9] wenden sich mitunter pauschal gegen (mehr) Information in der Werbung. Reizlosigkeit und Monotonie werden als unumgängliche Folgen geschildert, ein Nachfragerinteresse an mehr vergleichsgeeigneten Daten in der Werbung schlicht geleugnet[10].

Daß Werbung heute zu einem großen Teil in kreativer Weise triviale Sachverhalte und Produkte zu vermitteln hat, ist nun ebensowenig zu bezweifeln wie der Werbepraxis zugestanden werden muß, daß eine erzwungene Versachlichung diese Apologie des Trivialen und daher die bezahlte Wirkung zunichte machen würde. Werbung als Überwindung der sachlichen Langeweile, die vielen Gütern anhaftet, würde sich selbst bekämpfen, wenn sie diese Langeweile aufzudecken hätte. Weder Werbungtreibenden noch Umworbenen wäre damit gedient, objektive Information von jedweder Werbung zu verlangen und ihren Akquisitionszweck solchermaßen ad absurdum zu führen.

Indes läßt sich gleichfalls nicht bestreiten, daß informative Werbung *jenseits* der an sich uninteressanten, banalen Konsumakte des Alltags,

---

Konzentration in der Wirtschaft vom 29. Feb. 1964, zu BT-Drucks. IV/2320, S. 195).

Schon von Gesetzes wegen enthält beispielsweise die Printwerbung für Zigaretten Mindestinformationen über die Qualität der angebotenen Ware (vgl. § 22 Abs. 1, Ziff. 1 d LebensmittelG v. 15. Aug. 1974, BGBl. I 1974, S. 1945: Angabe von Rauchinhaltsstoffen, gegenwärtig: Nikotin- und Kondensatwerte).

[7] So referiert *Kroeber-Riel*, Konsumentenverhalten, S. 354, eine Untersuchung, wonach die Bedeutung der Werbung als Informationspotential für Konsumprobleme mit den konkreten Informationsbedürfnissen steigt, während sie durchschnittlich relativ niedrig sei.

[8] *Dateninformationen* werden von *Raffée*, Konsumenteninformation und Beschaffungsentscheidung des privaten Haushalts, S. 76 f., als Informationen über Eigenschaften in Betracht kommender Alternativen (deren Vorhandensein den Inhalt von sog. *Suchinformationen* ausmacht) gekennzeichnet.

[9] z. B. *Rogosky*, DER SPIEGEL Nr. 44/1975, S. 116 f.

[10] So z. B. *Rogosky*.

die weitgehend nach habituellen Verhaltensmustern ablaufen, auf Resonanz stößt. Die mangelnde Erfahrung mit nicht alltäglichen, ökonomisch bedeutsamen Auswahlproblemen oder das Bedürfnis nach umfassender Orientierung, um die eigene Entscheidung zu optimieren, rechtfertigen auf entsprechenden Märkten eine Werbung, die die Leistungen eines Unternehmens so darstellt, daß sie vergleichsgeeignet sind. Daß das nicht für alle Aspekte gelten kann, sondern in aller Regel nur die wichtigsten spezifischen Daten betreffen wird, erzwingt bereits die Konzentration auf wesentliche Angebotselemente, die eine Werbebotschaft normalerweise auszeichnet. Eine frühzeitige, in die erste Phase der Berührung des Nachfragers mit einem Angebot fallende Reaktion auf die tatsächlichen Marktleistungen der Anbieter ist demnach nur teilweise realisierbar. Das mag im Hinblick auf die Funktionserfüllung der Kundenentscheidung unbefriedigend erscheinen und die tatsächlichen Grenzen aufzeigen, die leistungsbezogenen Werberegeln in ihrer Einsetzbarkeit und hinsichtlich ihrer Wirksamkeit gezogen sind, Grenzen, die die hier beschriebenen Wirkungszusammenhänge beträchtlich relativieren mögen. Auch insofern gilt, daß erst die vermehrte Aufstellung solcher WBRn und die Bewältigung der für die Verbände und Kartellbehörden damit verbundenen Probleme in der rechtlichen und wirtschaftlichen Wirklichkeit erweisen kann, inwiefern die gesetzgeberischen Hoffnungen auf dem Gebiet der Werbung in der Tat zutreffen[11]. Andererseits birgt dieser Umstand den Vorzug, daß der individuellen Gestaltung von Werbeargumentationen stets ein großer Freiraum erhalten bleibt. Das Argument der eingeengten Kreativität der Werbepraxis besitzt auch deshalb wenig Überzeugungskraft.

Mit Werberegeln läßt sich sicherlich die Rationalität von Kundenentscheidungen nicht initiieren, wenn es an der Fähigkeit oder dem Bewußtsein des potentiellen Nachfragers fehlt, ein für ihn ökonomisch günstiges Auswahlverhalten zu üben. In gewissen Bereichen der a priori bedeutsameren Ausleseakte sind diese Regeln aber ein Instrument zur Durchsetzung *vorhandenen* Interesses an Leistungsvergleichen, das natürlich bereits in einem zeitlich frühen Stadium besteht, die Werbung also mitbetrifft.

Rationalitätsinteresse und -angebot können und müssen bei einer erfolgreichen Anwendung leistungsbezogener Werberegeln miteinander einhergehen. Wo das der Fall ist, kann sich eine Antinomie zwischen dem Absatzinteresse der Anbieter, denen an einem hohen Aufmerksamkeitswert ihrer Werbung gelegen ist, und der Empfänglichkeit der Umworbenen nicht ergeben. Vielmehr wird die gebotene Information an-

---

[11] Zum *heuristischen Prinzip,* das § 28 Abs. 2 n. F. zugrunde liegt, schon o. 2.2.2. a. E.

genommen und in Relation zu Vergleichsdaten der Konkurrenten gesetzt werden. Leistungsunterschiede und ihre komplexen Auswirkungen im Gefüge der Marktdaten werden transparent und damit beurteilbar. Das gilt insbesondere für das Verhältnis von Preis- und Qualitätstransparenz, die wesentlich voneinander abhängen[12].

Als *Leitlinie* kann folglich gelten, daß Werberegeln zur objektiven Leistungsinformation zwar nicht das hypertrophe Bild des bei nur genügender Versorgung mit Marktdaten rational-ökonomisch entscheidenden Nachfragers zugrunde liegen darf, andererseits für sie jedoch eine reale Basis in denjenigen Branchen besteht, die sich schon heute für einen erheblichen Prozentsatz der Kunden als informationsrelevant und transparenzbedürftig darstellen. Dort wo auf diese realistischerweise gebotene Grenzziehung genügend geachtet wird, dürfte sich das Odium des theoretischen Rationalismus, das diesen Regeln präsumtiv anhaftet, als wenig hinderlich für ihre Aufstellung und Durchsetzung erweisen.

6.2. Werberegeln mit dem Zielobjekt der Markttransparenz

6.2.1. Negativregeln

Negativ gefaßte leistungsbezogene Werberegeln zugunsten gesicherter oder vermehrter Transparenz der Märkte empfehlen oder gebieten verbindlich, bestimmte, mit Sicherheit transparenzmindernde Werbepraktiken zu unterlassen. Auf diese Weise kann versucht werden, als leistungsungerecht erkannte Alternativen der Formulierung einer Werbebotschaft zugunsten marktleistungsgerechter Konzeptionen oder Merkmale zu verdrängen.

Dabei treten verschiedene Probleme auf. So hat die Analyse des Verhältnisses von Werbung und Markttransparenz ergeben, daß es sich in der Praxis schwierig gestalten dürfte, fest umrissene Tatbestände nicht leistungsgerechten, etwa suggestiven werblichen Verhaltens aufzustellen. Vor allem läßt sich in der ex-ante-Perspektive der *Negativregel* nur die Erfahrung mit gravierenden Beispielen leistungsfremder Werbung abstrakt zusammenfassen, wobei der tatsächlichen Komplexität einer aus verschiedenen Elementen der Zielgruppenansprache kombinierten Umsetzung einer Absatzstrategie nur in geringem Maß Rechnung getragen werden kann. Das beschriebene Gewichtungsproblem im Zusammenhang mit der Abgrenzung z. B. suggestiver und informativer Komponenten ist nicht, wie innerhalb des Kreises lauterkeitsbezogener WBRn, normativ-dezisionistisch lösbar. Dem funktionalinstrumentellen Charakter marktleistungsorientierter Werberegeln entspricht allein die faktische Beweisbarkeit einer dysfunktionalen Beeinträchtigung der

[12] Dazu *Scherhorn*, ZVP 1977, S. 20, 27.

Marktübersichtlichkeit für eine Vielzahl der Werbeberührten. Der institutionelle Aufwand empirisch-demoskopischer Ermittlungen, der folglich betrieben werden müßte, stünde einer hinreichenden Praktikabilität entsprechender Ansätze, solche Regeln durchzusetzen, wie auch ihrer Eintragungsfähigkeit mit Sicherheit entgegen.

Konsequenterweise haben sich in WBRn formulierte Verurteilungen nicht leistungsgerechter Werbung auf einige wenige und als solche unbestritten nicht leistungsgemäße Verhaltensweisen zu beschränken. Sehen sich die Branchenverbände nicht aktuell dazu veranlaßt, an schwerwiegende Fälle der Realität anzuknüpfen, kommt diesen Regeln allenfalls der Charakter leitender Grundsätze zu, wie sie schon — marktunspezifisch — in den „Internationalen Verhaltensregeln für die Werbepraxis“[13] enthalten sind. Da sie exakter Konzipierbarkeit ermangeln, ist es generell nicht möglich, sie in Form von Verboten registrieren zu lassen, so daß der ihnen angemessene Geltungsgrad der der unverbindlichen Empfehlung oder Richtlinie ist.

Natürlich bleibt es den Regelaufstellern unbenommen, die von ihnen abgelehnten Verhaltensweisen, etwa Appelle an Elementargefühle oder -triebe des Menschen wie Angst und Sexualität, auf die besonderen Verhältnisse ihres Markts abgestimmt, zu *verurteilen*. Darin liegt der spezifische Vorzug der WBRn, der genutzt werden sollte, um den unterschiedlichen Situationen in den einzelnen Branchen Gerechtigkeit widerfahren zu lassen und den Branchenmitgliedern praxisbezogene Orientierungshilfe zu leisten. Im übrigen dürfte es zumindest bei besonders schwerwiegenden leistungsfernen Formen der Werbung zu Überschneidungen mit dem Bereich des Lauterkeitsrechts kommen, die ein Eingreifen der Gerichte und des *Deutschen Werberats* als Institution der freiwilligen Werbeselbstkontrolle ermöglichen. Die Funktion dieser wie auch der gerichtlichen Kontrolle kann durch Negativregeln mit der Betonung auf der Leistungswidrigkeit verschiedener Verhaltensformen unterstützt und erleichtert werden. Beispiele für eine Verwertung fixierter Auffassung von Verbänden zur Problematik leistungswidriger Wettbewerbspraktiken enthält gerade die neuere Judikatur[14].

6.2.2. Positivregeln

Positiv formulierte Werberegeln mit dem Zielobjekt der *Markttransparenz* unterscheiden sich von entsprechenden Negativregeln insbesondere dadurch, daß sie nicht wie jene mit dem Problem der Abstraktion erfahrungsgemäß zu weniger Marktübersichtlichkeit führender Werbung

---

[13] Dazu *Schneider*, WRP 1967, S. 147.

[14] BGH GRUR 1977, S. 257, 259 (— *Schaufensteraktion* —); BGH GRUR 1977, S. 619, 621 (— *Eintrittsgeld* —).

belastet sind[15]. Sie empfehlen oder gebieten vielmehr konkret die Einhaltung bestimmter Formen leistungsgerechter Werbung, indem sie anordnen, daß und auf welche Weise Angaben über Umfang und/oder Qualität gattungsmäßig definierter Marktleistungen in einer Werbung zu machen sind. Derartige Positivregeln könnten deshalb synonym auch als *Mindestinformations-* oder *-standardisierungsregeln* bezeichnet werden. Exemplarisch für solche Empfehlungen oder Verhaltensweisungen sind die *„Richtlinien 1975"* des *Verbandes der Zigarettenindustrie*[16]. In diesen Regeln, für die § 28 Abs. 2 n. F. allerdings nicht in Anspruch genommen wurde[17], nahmen die in dieser Vereinigung zusammengeschlossenen Hersteller die heutige, auf Gesetz und Rechtsverordnung[18] beruhende Verpflichtung zur Angabe von Nikotin- und Kondensatwerten in ihrer Printwerbung vorweg. Obwohl dieses Werbeabkommen durch wachsende gesundheitspolitische Bedenken gegenüber dem Rauchen veranlaßt war, bestand der unmittelbare Zweck des Gebots, bestimmte Werte zu messen und in der Werbung anzugeben, in der Schaffung vorher nicht vorhandener Transparenz für den Verbraucher. Die Qualitätskennzeichnung, zu der sich die Hersteller damals verstanden, betraf Datenkategorien des Zigarettenmarkts, in denen konkrete Leistungen ausgedrückt werden. Es handelte sich zweifellos um eine Form des leistungsgerechten Werbewettbewerbs[19], die, wie die weitere Entwicklung zeigte, auch nachdem die freiwillige Regelung von einer gesetzlichen abgelöst worden ist, aufgrund des feststellbaren[20] Trends zum Genuß leichterer Marken eine erhebliche Rolle innerhalb des gesamten Werbeverhaltens der Zigarettenindustrie spielt.

Orientierungsdaten sind, um einige Beispiele zu geben, auf vielen anderen Märkten gleichfalls denkbar. So könnten Leistungsdaten etwa in die Verbraucherwerbung für Stereoempfänger etc. bindend aufgenommen werden, indem die Hersteller als Datenminimum vereinbaren, stets Empfangsbereiche, Ausgangsleistung, Übertragungsbereich und Klirrfaktor in ihre Printwerbung einzubeziehen. In der Herstellerwerbung

---

15 Vgl. auch *Hoppmann*, Binnenhandel und Binnenhandelspolitik, S. 158 f.

16 Vgl. dazu den TB des BKartA für 1976 (BT-Drucks. 8/704), S. 79.

17 Das BKartA (a. a. O.) erklärte die mit der Absprache der Zigarettenhersteller einhergehende Verletzung von § 1 aus gesundheitspolitischen Gründen für unbedenklich.

18 Vgl. o. Fn. 6.

19 *Horstmann*, Selbstbeschränkungsabkommen und Kartellverbot, 1977 (!), S. 102 ff., übergeht die Ergänzung von § 28 Abs. 2 und verkennt deshalb die hier auftretende Zielkongruenz von Selbstbeschränkungsmotiven (wachsender Druck aus dem Bereich der Gesundheitspolitik) und leistungsbezogener Werbung (niedrige Werte als Qualitätskennzeichen). Das führt ihn zu dem in seiner Absolutheit unzutreffenden Ergebnis, WBRn seien (ausnahmslos) ungeeignet, Selbstbeschränkungsabkommen vom Kartellverbot des § 1 freizustellen (a. a. O. S. 104).

20 Dazu SPIEGEL-Titel Nr. 38/1974, S. 54 f.

für Personenkraftwagen böte sich eine bis heute zwar überwiegend, aber nicht absolut praktizierte Nennung des Preises für Basismodelle an, falls eine unverbindliche Preisempfehlung besteht. Ebenso könnte erwogen werden, eine Werberegel in Bezug auf Kraftstoffkategorie und Verbrauchshöhe einzuführen[21]. Oder, um diese Beispielsreihe abzuschließen, für die Prospektwerbung von Möbelhäusern und -industrie bestünde z. B. Gelegenheit, ihre Angebote im Hinblick auf die darin verkörperten unterschiedlichen Preis- und Qualitätsrelationen dadurch überschaubarer werden zu lassen, daß stets das Herstellungsmaterial (Holzart, Bezugsstoff etc.) angeführt werden muß.

So könnten, je nach den unterschiedlichen Erfordernissen und Leistungsarten der verschiedenen Märkte, eine Vielzahl transparenzsteigernder Regeln aufgestellt und registriert werden, um auf diese Weise ein wirksames leistungsgerechtes Werbeverhalten im Sinne des ergänzten § 28 Abs. 2 in die Tat umzusetzen.

Selbstverständlich sind nicht alle Branchen dazu in der Lage. Von den Gründen des Einzelfalls abgesehen, sind dem Instrument der leistungsbezogenen Werberegeln auch in seiner positiven Form Grenzen gesetzt, die zum Teil bereits genannt wurden. Jene Daten, die als Informationsminimum in Frage kommen, müssen vergleichsgeeignet sein und tatsächlich auf das Interesse einer nicht unbedeutenden Zahl der Werbeberührten stoßen. Sie müssen dem durchschnittlichen Umworbenen verständlich sein und für ihn oder einen nicht unerheblichen Teil der potentiellen Abnehmer als Entscheidungsgrundlage in Betracht kommen. Das wird in erster Linie für Branchen zutreffen, die mit *technischen Gebrauchsgütern* handeln, bei deren Erwerb auch Laien elementares technisches Wissen verwerten können und in aller Regel auch in die Auswahl des für sie optimalen Leistungsangebots einfließen lassen. Objektive Daten haben hier die wohl größte Bedeutung. Wie das Beispiel der Zigarettenwerbung unter dem Einfluß des Trends zum Leichtrauchen veranschaulicht, können Meßwerte und sonstige feststehende Produkteigenschaften aber auch außerhalb dieses Sektors zu wichtigen Werbeargumenten werden.

Die *Einengung der Werbefreiheit*, die die beteiligten Unternehmen dadurch erfahren würden, daß sie sich zur Einhaltung positiver Werberegeln mit dem Ziel größerer Markttransparenz verbindlich verpflichteten, wiegt nicht schwer, wird sie in Relation zu den Vorteilen derartiger Werbeabkommen für den leistungsgerechten Wettbewerb gesetzt. Nicht nur werden die Wettbewerbspositionen der angeschlossenen Unternehmen in größere Abhängigkeit von objektiven Marktleistungen ge-

[21] Diese Daten wurden erstmals in der Automobilwerbung der Jahreswende 1973/74 („Ölkrise") verstärkt argumentativ eingesetzt, vgl. SPIEGEL Nr. 48/1973, S. 27.

bracht, wie es die erklärte Absicht des Gesetzgebers hinsichtlich des erweiterten § 28 Abs. 2 war. Erwartet werden kann auch ein verstärkter *Wettbewerbsdruck* und eine gesteigerte Bereitschaft auch der nicht teilnehmenden Konkurrenten in den fraglichen Leistungsbereichen, zumindest ein durchschnittliches, wenn nicht höheres Leistungsniveau für ihre Angebote anzustreben. Die Variabilität und Differenzierbarkeit der Vermittlung werblicher Aussagen garantiert zudem auch in Zusammenhang mit leistungsbezogenen Positivregeln, daß die Anregung leistungsgerechten Werbewettbewerbs nicht zu Lasten der akquisitorischen und motivierenden Funktionen der individuellen Werbung geht.

Die Eintragungsbehörde hätte bei ihrer Ermessensausübung im Rahmen von § 31 Abs. 1[22] deshalb auch hier im allgemeinen *keine* Veranlassung, die Wettbewerbsbeschränkung, die mit dieser Art leistungsbezogener Werberegeln verbunden ist, so hoch zu veranschlagen, daß sie zu einem abschlägigen Beschluß kommen müßte. Wären die Kriterien der Vergleichseignung und der generellen Bedeutung der geforderten Datenangabe für einen nicht zu geringen Interessentenkreis erfüllt, hätte sie einem Antrag auf Eintragung solcher WBRn daher *stattzugeben.*

6.3. Negativregeln gegen markttransparenzneutrale leistungsferne Wertwerbung

Den oben[23] getroffenen Feststellungen zufolge sind wichtige Formen der *Wertwerbung* wie *Preisausschreiben, Werberätsel, Gratisverlosungen* und dergleichen nicht immer als leistungsgerechter Werbewettbewerb zu bewerten. Maßgeblich für dieses Urteil war nicht eine negative Beeinflussung der Marktübersicht der Nachfrager, sondern die dem Effekt der suggestiven Werbung ähnliche Hinderung, sich die verfügbare Markttransparenz, die Gegenwärtigkeit wichtiger Marktdaten, zunutze zu machen und sich insofern konsequent zu verhalten.

Werberegeln, die einer solchen Behinderung an sich möglicher leistungsorientiert-rationaler Entscheidungsprozesse begegnen sollen, hätten diese Werbemittel einzuschränken. Sie würden mit der Anordnung eines entsprechenden Werbeverzichts eine Entwicklung fortsetzen, die in der Regel § 21 Abs. 2 der *„Richtlinien"* des *Bundesverbandes der Pharmazeutischen Industrie*[24] nach Inkrafttreten der Novelle erstmals sichtbar wurde. Die erweiterte Fassung von § 28 Abs. 2 hat es ermöglicht, daß ein Verzicht auf derartige leistungswidrige werbliche Beeinflussungsformen Gegenstand von WBRn sein kann.

---

[22] Vgl. dazu 6.6.

[23] 5.3.2.

[24] Vgl. o. 4.3.

Aufgrund der verbleibenden vielfältigen Alternativen leistungsgerechterer, vor allem informativerer Werbung einschließlich der leistungsbezogenen Wertwerbung, bestehen dagegen unter dem Gesichtspunkt der *Werbefreiheit* grundsätzlich keine Bedenken. Auf Märkten *extrem homogener Güter* wie Kfz-Benzin und, mit Einschränkungen, auch Zigaretten, gebietet das Kriterium der ausreichenden Anzahl alternativer Werbeformen jedoch eine sorgfältige Prüfung der Eintragungsvoraussetzungen durch die Kartellbehörde. Die verbleibenden Möglichkeiten sind dort naturgemäß begrenzter als etwa auf dem Pharma-Markt, im Fall des Zigarettenmarkts besteht praktisch keine Preiskonkurrenz aufgrund der steuerlichen Situation und infolgedessen auch kaum Gelegenheit zu einer nennenswerten Preiswerbung[25]. Im übrigen ist aber nicht zu erkennen, wie eine Gefährdung der Werbefreiheit in dieser Hinsicht in absehbarer Zukunft eintreten könnte. Die seit langem vorhandene oligopolistische Anbieterstruktur dieser Branchen und die Freiwilligkeit bei der Aufstellung und Anerkennung von WBRn lassen dieses Risiko als unrealistisch erscheinen.

Der aus Verbotsregeln entspringende Reflex der gleichzeitigen Dekonzentrationsförderung — kleine und mittlere Wettbewerber können eine ebenbürtige überregionale Wertwerbung großen Stils kaum finanzieren — wäre zu begrüßen und sollte in entsprechenden Überlegungen nicht vernachlässigt werden[26]. Vor allem aber die Problematik der markttransparenzneutralen leistungswidrigen Wertwerbung *bei Händlern und deren Personal* könnte auf diese Weise einer Lösung näher gebracht werden. Das gilt um so mehr, als die mit den entsprechenden Werbepraktiken einhergehende *Diskriminierung* solcher Hersteller oder Großhändler, die sie nicht ausüben, ebenfalls mit Hilfe geeigneter Regeln eingedämmt werden könnte. Initiativen auf diesem Problemsektor liegen naturgemäß nicht zuletzt im unmittelbaren Interesse des leistungsfähigen Mittelstands, der nicht selten schon aus Finanzierungsgründen auf diese Werbung verzichten muß.

Es ist daher zu hoffen, daß insbesondere diese Möglichkeit der erweiterten Legaldefinition der WBRn aufgegriffen und einem seit längerem erkannten Bedürfnis[27] endlich abgeholfen wird. Eine Intensivierung des Wettbewerbs auf den betreffenden Märkten und nicht zuletzt verbesserte Zutrittschancen für leistungsfähige mittlere und kleine Unternehmen wären mit hoher Wahrscheinlichkeit zu erwarten.

---

[25] Vgl. den TB des BKartA für 1966 (BT-Drucks. V/1950), S. 11, s. auch Fn. 6.

[26] Das Ziel der Dekonzentration *allein* könnte einen Werbeverzicht aus dem genannten (5.2.3.) Grund mangelnder empirischer Nachweise für eine Korrelation zwischen Werbung und Konzentration dagegen *nicht* rechtfertigen.

[27] Vgl. Punkt 12 der „Gemeinsamen Erklärung" (vgl. 5.2.2.4. / Fn. 111).

6.4. Werberegeln zur Minderung werbungsbedingter Konzentration

Konzentrationsmindernde Regeln sind inhaltlich identisch mit den vorgenannten Werberegeln zum Erhalt und zur Förderung der Markttransparenz für die Nachfrageseite. Das ergibt sich aus dem zuvor beschriebenen engen Wirkungszusammenhang zwischen (relativer) Marktintransparenz infolge bestimmter Werbeverhaltensweisen und leistungswidrigem Ausleseverhalten der Nachfrageseite aufgrund ihrer fehlenden oder eingeschränkten Übersicht über die marktexistenten Angebote und deren Daten. Dieses leistungsferne Kundenverhalten verursacht vermutlich — der empirische Nachweis ist, wie erwähnt[28], bisher nicht überzeugend gelungen — partiell konzentrative Strukturveränderungen des wettbewerblichen Systems. Wie erheblich der Beitrag der Werbung als Versuch der Steuerung des Ausleseprozesses im Wettbewerb anzusetzen wäre, ist dabei offen.

Die hier als unbedingt erforderlich erachtete empirische Untermauerung der verschiedentlich behaupteten Korrelation zwischen Werbeaufwand und Oligopolisierungstendenzen hindert es, leistungsbezogene Werberegeln vorrangig unter dem Gesichtspunkt der unternehmensgrößenbezogenen Strukturpolitik zu betrachten. Der in der Begründung des Regierungsentwurfs[29] der Zweiten Kartellgesetznovelle enthaltene Hinweis auf die Verwendbarkeit von Leistungsgerechtigkeitsregeln zur Verlangsamung von Strukturanpassungen zu Lasten kleiner und mittlerer Unternehmen läßt sich auf dem Gebiet der Absatzwerbung mithin nicht verwerten[30].

Ansatzpunkt für derartige WBRn kann folglich nur der nicht bezweifelbare Einfluß der Werbung auf die Übersichtlichkeit der Märkte für die Umworbenen sein. Für die Entwicklung des volkswirtschaftlich erwünschten weitgehenden Verbleibs mittelständischer Unternehmen im Wettbewerb günstige Effekte lassen sich demnach *nur indirekt* durch nach § 28 Abs. 2 zulässige markttransparenzbezogene Werberegeln ansteuern.

Schon aus diesem Grunde ist es unzutreffend, wenn mitunter davon ausgegangen wird, „übermäßige" oder „übersteigerte" Werbung lasse sich wegen möglicher nachteiliger Auswirkungen auf die Struktur von Märkten durch Werberegeln eindämmen[31]. Anders stellte sich selbstverständlich der Fall dar, daß eine „übersteigerte" Werbung, um diesen

---

[28] 5.1.2.2.

[29] BT-Drucks. VI/2520, S. 35.

[30] Im Ergebnis daher zutreffend die Entscheidung des BKartA, die vom *BDZV* beantragte Eintragung einer Befristung von Probelieferungen nur in sehr relativierter Form zuzulassen (vgl. im einzelnen o. 4.2.).

[31] So aber *Sack*, GRUR 1975, S. 297, 304, ferner *Benisch*, Kooperationsfibel, 4. Aufl., S. 441.

völlig konturlosen, juristisch unbrauchbaren Ausdruck zu benutzen, *zugleich* gegen den Grundsatz der Wirksamkeit eines leistungsgerechten Wettbewerbs verstieße. Dann würden die oben herausgearbeiteten Kriterien anzuwenden sein, ohne daß es allerdings in irgendeiner Hinsicht auf den Umfang dieser Werbung ankäme. Im übrigen ist eine an die Existenz des Wettbewerbs auf einem Markt rührende Werbung in bestimmten Fällen schon wegen ihrer Unlauterkeit unstatthaft, so etwa die kostenlose massenweise Verteilung von Originalware, wenn mit ihr die Gefahr einer nahezu ausschließlichen Bindung der Kaufinteressenten an das werbende Unternehmen verbunden ist[32]. Eine für andere Wettbewerber wirklich ruinöse Werbung extremen Ausmaßes wird also bereits gesetzlich erfaßt und erfordert kein Verbot in Form einer WBR nach § 28 Abs. 2.

Zusammenfassend läßt sich demnach feststellen:

Die Funktion von WBRn, die auf eine Einschränkung konzentrationsfördernder Werbung abzielen, ist eine *mediatisierte*. Sie versucht dieses Ziel nicht dadurch zu erreichen, daß sie insgesamt weniger Werbung zuläßt, sondern indem sie die Rolle leistungsgerechter Werbung aufwertet und den kleinen und mittleren Unternehmen dadurch die Chance des Leistungsvergleichs durch die Nachfrager verstärkt eröffnet. Diesem Leistungsvergleich, der wettbewerblichen Auslese also, haben sie sich allerdings ebenso wie größere Konkurrenten zu stellen, wobei in Kauf genommen wird, daß sie aufgrund eines schlechten Abschneidens aus dem Wettbewerb auszuscheiden haben.

6.5. Werberegeln der neuen Art als Regulative der Werbung im Sinne der Theorie des funktionsfähigen Wettbewerbs

Jacob[33] hat nach einer volkswirtschaftswissenschaftlichen Betrachtung der Position der Werbung innerhalb des wettbewerbstheoretischen Konzepts des funktionsfähigen Wettbewerbs die Frage aufgeworfen, ob ein Vertrag, der das Ausmaß der Werbung auf das für Informationszwecke erforderliche Minimum begrenzt, gegen § 1 verstößt. Anlaß dazu war für ihn, daß er zu dem Ergebnis kam, Werbung erfülle die gesamtwirtschaftlichen Wettbewerbsfunktionen nur unzureichend, ihr fehle mithin nach den Maßstäben des *funktionsfähigen Wettbewerbs* zumindest die *Wesentlichkeit*[34] im Sinne des § 22.

---

[32] Vgl. im einzelnen BGHZ 43, 278 = GRUR 1965, S. 489 (— *Kleenex* —).

[33] Werbung und Wettbewerb: eine theoretische Analyse, Schmollers Jahrbuch für Gesetzgebung, Verwaltung und Volkswirtschaft 1966, S. 385 ff., 421.

[34] *Jacob* setzt Funktionsfähigkeit mit Wesentlichkeit gleich, vgl. a. a. O. (Fn. 32), S. 417.

Halbey[35] hat dagegen entschieden bestritten, daß die volkswirtschaftliche Nützlichkeit der Werbung maßgebend dafür sein dürfe, ob ihr der Schutz des GWB gewährt oder versagt werde. Der Wettbewerbsbegriff des GWB sei gesamtwirtschaftlich *neutral*. Zweck, System und Materialien des Gesetzes sowie Gründe der Rechtssicherheit würden für eine weite Auslegung des Wettbewerbsbegriffs sprechen, die jede Form erlaubter Werbung einschließe[36].

Es könnte nun der Eindruck entstehen, Werberegeln mit Leistungsbezug seien eine Ausprägung der von Jacob vertretenen Linie einer volkswirtschaftlichen Nützlichkeitsbetrachtung der Werbung. Dieser Eindruck wäre unzutreffend. Zwar hat die *Bundesregierung* in ihrer Begründung des Entwurfs der Novelle ausdrücklich festgestellt, daß Schutzobjekt des GWB ein funktionsfähiger, wirksamer Wettbewerb sei. Daß sie damit aber eine Differenzierung zwischen funktionell wesentlichem und unwesentlichem, d. h. nicht schützenswertem Wettbewerb mittels WBRn befürwortete, läßt sich aus diesem Sprachgebrauch[37] nicht herleiten, sondern hieße seine Bedeutung überdehnen. Aus den nachfolgenden Feststellungen der Begründung geht vielmehr eindeutig hervor, daß die Bundesregierung die funktionale Betrachtungsweise nicht auf Wettbewerbsparameter, sondern auf den Wettbewerb als *Institution* angewendet wissen will. Sie konzentriert sich dabei auf die *Auslesefunktion* des Wettbewerbs und ihren Schutz vor Verfälschung. Diese Hauptfunktion des wettbewerblichen Systems zu betonen hat sich die Bundesregierung notwendig deshalb veranlaßt gesehen, weil ihr besonderes Anliegen im Zusammenhang mit der Novelle und vor allem mit den neuen Leistungsgerechtigkeitsregeln die gesicherte Teilnahme mittelständischer Unternehmen am Wettbewerbsprozeß war. „Funktionsfähiger Wettbewerb“ ist in diesem Sinne das Ziel der Ergänzung von § 28 Abs. 2, keineswegs jedoch ein Begriff, der das Institut der WBRn, konkret: den unbestimmten Rechtsbegriff der Wirksamkeit eines leistungsgerechten Wettbewerbs, synonym inhaltlich widerspiegeln soll und kann. Die nach überwiegender Meinung[38] bestehende Injustitiabilität dieses als Sammelbezeichnung für verschiedene wettbewerbstheoretische Konzeptionen charakterisierbaren Ausdrucks verbietet es ohnehin, „leistungsgerechten“ und „funktionsfähigen“ Wettbewerb in ein Verhältnis von *definiendum* und *definiens* zu setzen. Gleichwohl ist gerade wegen dieses in der Begründung genannten Begriffs anzunehmen, daß in Zukunft versucht werden wird, auch ohne eine ausreichende Stütze in den

[35] WRP 1967, S. 77.

[36] *Halbey*, WRP 1967, S. 80.

[37] Daß auch ansonsten in der wettbewerbspolitischen Diskussion des funktionsfähigen Wettbewerbs keine einheitliche Terminologie verwendet wird, hat *Hoppmann*, DB 1970, S. 100, nachgewiesen.

[38] Statt aller *Sandrock*, WuW 1969, S. 205, 228.

Materialien der Novelle die in ihnen enthaltenen Anklänge an die Theorie des funktionsfähigen Wettbewerbs im Sinne Kantzenbachs und des „Neuen Leitbilds der Wettbewerbspolitik“[39] zu verabsolutieren. Dem muß mit Nachdruck entgegengetreten werden.

Den Hauptansatzpunkt muß hierbei der *Normzweck von § 1* bilden. Nach zutreffender Ansicht in Rechtsprechung und Schrifttum ist der Normzweck des Kartellverbotsprinzips ein *komplexer:* Er umfaßt nicht allein die Sicherung der ökonomischen Vorteilhaftigkeit des Wettbewerbs, sondern auch die Sicherstellung der für diese essentiellen wirtschaftlichen Betätigungsfreiheit[40]. Die Anerkennung des Freiheitsschutzes als Teil des Schutzbereichs von § 1 hat zur Folge, daß Änderungen in der Beurteilung ökonomischer Wettbewerbsvorteile nicht ohne Rücksicht auf ihre Effekte für diesen Teilbereich vorgenommen werden dürfen. Würden sich die Bundesregierung oder der Gesetzgeber auf die Ansicht von Jacob festlegen, Werbung erfülle insgesamt betrachtet wichtige gesamtwirtschaftliche Wettbewerbsfunktionen nur unbefriedigend, und infolgedessen eine Einschränkung bestimmter lauterer Werbeformen pauschal gestatten, stünde dies in Widerspruch zu dem Normzweckbereich der Freiheitssicherung. Allenfalls läge es in der Macht des *Gesetzgebers,* diesen Widerspruch verbindlich zugunsten seiner ökonomischen Neuorientierung aufzulösen. Andeutungen in Gesetzesmaterialien genügten mit Sicherheit nicht[41]. Die Werbefreiheit, je nach dem, wie sich die Erfüllung volkswirtschaftlicher Funktionen der Werbung darstellt, einzuschränken oder auszuweiten, kann nicht in die Kompetenz nicht ausdrücklich gesetzlich dazu ermächtigter Kartellbehörden oder gar von Wirtschaftsverbänden fallen. Die Normadressaten instand zu setzen, aufgrund volkswirtschaftswissenschaftlicher Auffassungen über wirtschaftliche Freiheiten disponieren zu können, ist nicht die ratio legis des ergänzten § 28 Abs. 2 und als solche insbesondere nicht in den Begriff des leistungsgerechten Wettbewerbs eingegangen. Die Materialien ergeben vielmehr, daß die Rolle der Rechtsanwender (Antragsteller und Kartellbehörden) begrenzt wird durch diesen *Rechts*begriff, der Gesetzgeber also *selbst* eine Vorbewertung vorgenommen hat, welche Funktion des Wettbewerbs er als mit Hilfe von WBRn intensivierbar betrachtet. Der Entscheidungsspielraum für die Normadressaten ist somit auf *Nuancen funktionaler Wertungen* reduziert. Diese können sich allenfalls

---

[39] Dazu o. 2.2.

[40] Vgl. schon *Böhm,* Das Problem der privaten Macht, insbes. S. 44; ferner *Möschel,* Das Wirtschaftsrecht der Banken, S. 337 ff. u. *Steindorff,* BB 1977, S. 569, 570, in einer Besprechung von BGH BB 1977, S. 409.
Aus der Rspr. BGH a. a. O., insbes. S. 410. A. A. *Würdinger,* WuW 1953, S. 721, 726, und *Benisch,* GK § 35, Anm. 7.

[41] A. A. offenbar *Hönn,* GRUR 1977, S. 145 i. V. m. Fn. 46 *dort.*

mittelbar bei der konkreten Ausfüllung des neuen Begriffs bemerkbar machen.

Werbung übt, wie hier zu zeigen versucht wurde[42], Einfluß auf die Marktverhältnisse im Sinne von § 1 aus, so daß im Prinzip auch ihre Regulierung freiheitsbeschränkende Effekte zur Folge hat. Werberegeln, die beispielsweise die Übersichtlichkeit eines Markts für die Nachfrager fördern sollen, beschränken die Verhaltensalternative, die Werbung eines Unternehmens dazu einzusetzen, ungünstige Marktdaten völlig zu unterdrücken, ohne sich um ihre Optimierung bemühen zu müssen. Der von solchen (im Beispielsfall positiven) Regeln ausgehende Druck, sich vermehrt der Auslese durch den Wettbewerb zu unterwerfen, kommt unleugbar einer Einengung der zur Freiheit der wirtschaftlichen Betätigung zu zählenden negativen Seite dieser Freiheit gleich, aus betriebsökonomischer Sicht nachteilige Handlungen zu unterlassen. Das Anliegen der Bundesregierung, mit der 2. GWB-Novelle im Rahmen einer verstärkten Zulassung von Kooperationsvereinbarungen die Existenzchancen mittelständischer Unternehmen zu schützen, kann deshalb für manchen mittelständischen Grenzbetrieb oder newcomer statt Schutz eine Gefährdung bedeuten. Die Eintragungsbehörde wird auch hierauf zu achten haben. Die Kartellbehörden haben innerhalb des ihnen von § 31 Abs. 1 eingeräumten Ermessensspielraums ausreichend Gelegenheit, aber auch die Verpflichtung, diesen Bedenken, wo sie konkret werden, Rechnung zu tragen.

6.6. Die Bedeutung des kartellbehördlichen Eintragungsermessens (§ 31 Abs. 1)

Es liegt in der Natur von Leistungsgerechtigkeitsregeln über Absatzwerbung, daß sie, gleichgültig ob als Negativ- oder Positivregeln, stets den Normzwecksektor „Wettbewerbsfreiheit" des GWB berühren. Ferner sind, wie soeben angedeutet wurde, Situationen denkbar, in denen Werberegeln des neuen Typs sich im Ergebnis negativ auf die Chancen mittelständischer Unternehmen auswirken können, in einen Markt eindringen oder neben größeren Unternehmen weiter konkurrieren zu können. Eine Marktstrukturverschlechterung, der WBRn nach der Ergänzung gerade entgegenwirken sollen[43], kann die Folge sein.

Unter beiden Aspekten ist eine im Rahmen von § 31 Abs. 1 stattfindende Abwägung des Für und Wider der verschiedenen Vorzüge und der wettbewerbsbeschränkenden Effekte und Tendenzen von leistungsbezogenen Werberegeln erforderlich. Die notwendige Ermessensausübung stellt die Kartellbehörden dabei mitunter vor schwierige Aufgaben.

---

[42] 5.1.2.

[43] Regierungsentwurf (BT-Drucks. VI/2520), S. 34.

Schwierig vor allem in den Fällen, in denen die Chancen eines Markteintritts für kleine und mittlere Wettbewerber durch die, für sich betrachtet, zweifelsohne positiv zu bewertenden Regeln wesentlich geschmälert werden könnten[44]. Insbesondere werden sie darauf zu achten haben, daß die Dynamik der Werbekonkurrenz nicht dadurch zum Erliegen kommt, daß mit WBRn eine weitgehende Standardisierung der Werbethemen auf einige wenige Marktdaten mit oligopolistischer Tendenz erfolgt. Vielmehr muß stets Raum für marktstrukturelle Verbesserungen durch neuartige, wenn auch nicht leistungsbezogene Werbung mittelständischer Unternehmen bleiben. Dies gilt um so mehr, als der Massivität der Werbung großer Unternehmen mit Leistungsgerechtigkeitsregeln nicht begegnet werden kann, sondern nur Qualitätsverbesserungen der Werbung *aller* beteiligten Wettbewerber einer Branche erreichbar sind (von denen allerdings positive Auswirkungen auf die Wettbewerbssituation der mittelständischen Wirtschaft erwartet werden können).

Dem Ziel, die Märkte offenzuhalten und „Leistungsgerechtigkeitskartelle" zu vermeiden, wird in jedem Fall eine große Zurückhaltung der Behörden gegenüber solchen Anträgen dienen, die beispielsweise eine Förderung der Markttransparenz mit *Negativregeln* zur Eindämmung suggestiver Werbung bezwecken[45]. Die hier vorgenommene Untersuchung der funktionalen Beziehung zwischen Werbung und Markttransparenz hat gezeigt, daß im einzelnen noch große Unsicherheit sowohl über die Grenzen der in diesem Zusammenhang verwendeten Begriffe („Suggestivwerbung — informative Werbung") als auch hinsichtlich des Wirkungsgrades dieser Werbung besteht. Sie hat vor allem ergeben, daß es eher möglich erscheint, informierende Werbung als solche zu bestimmen als noninformative Inhalte von Werbebotschaften, daß auf diesem Sektor *positive* Werberegeln also eher in Frage kommen als *negative*, insbesondere Werbeverbote. Die Behörden werden gegebenenfalls eine positive Fassung von WBRn anregen müssen, die negativ formuliert mangels Erforderlichkeit der jeweiligen Werberestriktion für einen leistungsgerechten Werbewettbewerb entweder zu weit in die Werbefreiheit eingreifen oder aber, an § 28 Abs. 2 gemessen, keinen ausreichend engen Bezug zum Zielkomplex der leistungsgerechten wettbewerblichen Erfolgsverteilung aufweisen würden.

In der Literatur[46] geäußerte Befürchtungen, mit Leistungsgerechtigkeitsregeln könnten Kartellierungsbestrebungen in die Tat umgesetzt

---

[44] Auch die Bundesregierung hat diese Gefahr gesehen, wie aus ihrer Beantwortung einer schriftlichen Frage des Abgeordneten *Lenders* hervorgeht (Frage und Antwort abgedr. in WuW 1975, S. 25).

[45] 6.2.1.

[46] *Säcker,* Zielkonflikte und Koordinationsprobleme im deutschen und

werden, sind in Bezug auf Werberegeln jedenfalls unbegründet, solange über *Positivregeln* bestimmte Mindestangaben leistungsbezogener Daten den werbenden Unternehmen vorgeschrieben werden. Die verbleibenden vielfältigen Möglichkeiten individueller Werbung gewährleisten, daß die Freiheit der Werbenden nahezu unbeeinträchtigt bleibt, während dem verhältnismäßig geringen Eingriff der Vorteil eines besseren Leistungsvergleichs durch die Nachfrageseite gegenübersteht.

Negativregeln, vor allem Werbeverbote, werden nicht allein wegen ungenügender Verhältnismäßigkeit und Zielkonkretion die Werbe- und Wettbewerbsfreiheit oft zu sehr beschränken. Sie sind in erster Linie auf ihre marktstrukturellen Auswirkungen zu Lasten von Grenzbetrieben und markteintrittswilligen Unternehmen zu überprüfen. Läßt sich die verbotene Werbung nicht angemessen durch die Realisierung verbliebener Möglichkeiten kompensieren, muß eine Eintragung versagt werden. Ob eine Kompensation in Frage kommt und wie gravierend sich der mit dem Verbot verbundene Eingriff in die Werbefreiheit darstellt, ist naturgemäß außerordentlich abhängig von der Situation in der betreffenden Branche. Ein Verbot leistungsfremder Werbung auf einem Markt, auf dem mit einer Verschiebung des Schwerpunkts auf leistungsnähere oder gar unstreitig leistungsbezogene Werbeformen nicht gerechnet werden kann, wird zum Beispiel nicht eintragungsfähig sein.

Spielten schon bei der Eintragung *lauterkeitsbezogener* WBRn Erwägungen über zukünftige Entwicklungen des Wettbewerbs in einer Branche eine große Rolle[47], gilt das mindestens in gleichem Maß für WBRn zum Zweck leistungsgerechten Wettbewerbs. Ist die Behörde zu der Auffassung gelangt, daß ein Werbeverbot, das beispielsweise Nichtleistungs-Preisausschreiben untersagt, zu Ungunsten potentieller mittelständischer newcomer im wesentlichen nicht zu alternativer leistungsbezogener Werbung führt, sondern eine Häufung gleichfalls nicht leistungsgerechter Werbeformen hervorrufen wird, muß dieses wahrscheinliche Fehlschlagen der nach § 28 Abs. 2 möglichen Zwecke dazu führen, die Eintragung abzulehnen. Es muß also eine verläßliche *Prognose* darüber möglich sein, ob die betreffende Werberegel insgesamt und nicht nur vordergründig in einem einzigen, dem geregelten Punkt, eine leistungsgerechtere Werbung bewirken kann. Eine nur punktuelle, d. h. auf die Zwecksetzung der einzelnen Regel konzentrierte Prüfung der Eintragungsfähigkeit würde es größeren Unternehmen erleichtern, unter dem Vorwand, nicht leistungsgerechte werbliche Verhaltensweisen bekämpfen zu wollen, für sie günstige oligopolistische Struk-

europäischen Kartellrecht, S. 54; *Emmerich,* ZGR 1976, S. 167, 193 ff.; *Möschel,* Der Oligopolmißbrauch im Recht der Wettbewerbsbeschränkungen, S. 214 f.

[47] Dazu KG WuW/E OLG 703 *(Bauindustrie III)* und BGH WuW/E BGH 767, 770 *(Bauindustrie IV).*

turen gegen ein Eindringen kleinerer Unternehmen über einen leistungsfremden Werbewettbewerb mit niedriger Kostenbelastung bei relativ hohem Wirkungsgrad zu sichern. Es ist insbesondere bei Negativregeln also stets eine *ganzheitliche* Betrachtungsweise anzuwenden, um einen Mißbrauch der Möglichkeiten zu verhindern, die mit der Erweiterung von § 28 Abs. 2 eröffnet wurden. Nur so ist zu gewährleisten, daß Konzentrationseffekte im Gefolge von für mittelständische Wettbewerber viel schwerwiegenderen Regeln einseitig zugunsten einiger Großunternehmen ausschlagen können, der auch mittelstandsschützerische Sinn der neuen Regeln mithin in sein Gegenteil verkehrt wird. Die stärkere Betonung der objektiven Marktleistungen in der Werbung darf nicht mit schlechteren Marktstrukturen erkauft werden, die andernfalls nicht oder weniger rasch eintreten würden.

Andererseits darf nicht übersehen werden, daß die zunehmend erfolgreichen und in Zukunft sicher noch verstärkten Bemühungen von Institutionen der Verbraucherberatung und -aufklärung, die von allen relevanten politischen Kräften bejaht werden, eine größere Nachfrage nach ausgesprochen informativer Werbung hervorgerufen haben. Dieser Trend der Nachfrageseite kommt den Bemühungen der Bundesregierung und des Gesetzgebers entgegen, leistungsgerechten Einsätzen der Wettbewerbsparameter ein höheres Gewicht im Wettbewerb zu verleihen, und zwar vor allem im Hinblick auf den Werbewettbewerb. Die Kartellbehörden werden deshalb bei der Beurteilung von Werberegeln auch die Belange der Nachfrageseite *als solche* und nicht nur unter dem Blickwinkel der Auslesefunktion zu berücksichtigen haben, um stellvertretend für andere nur einen Aspekt nicht unmittelbar kartellrechtlicher Art anzuführen, der in die Ermessenserwägungen der entscheidenden Behörde zusätzlich einzubeziehen wäre.

Die vorstehenden Ausführungen ergeben somit zusammengefaßt, daß stets eine ganzheitliche Betrachtung der wahrscheinlichen Auswirkungen der der Behörde zur Eintragung unterbreiteten Werberegeln angewendet werden sollte. Der größte Teil der anzustellenden Erwägungen betrifft dabei Entwicklungen, die in der Zukunft liegen. Aus Gründen größerer begrifflicher Klarheit lassen sich Informationsregeln in Form sog. Positiv- bzw. Gebotsregeln eindeutiger einschätzen und sind auch unter dem Gesichtspunkt des geringeren Eingriffs in die Werbefreiheit unproblematischer als Verbotsregeln. Werbeverbote müssen daher grundsätzlich strenger auf die Gefahr eines Mißbrauchs zu Kartellisierungszwecken oder des Überhandnehmens von wettbewerbsrechtlich und -politisch nicht wünschenswerten Verschlechterungen der Struktur der Märkte untersucht werden. Neben kartellrechtlichen und wettbewerbstheoretischen Aspekten werden zusätzlich auch sonstige wirtschaftspolitische Leitziele, darunter die Erhöhung des Verbraucherwissens und -bewußtsein, in die Beurteilung von Werberegeln einfließen können.

6.7. Probleme der Durchsetzbarkeit eingetragener Werberegeln

Leistungsbezogene Werberegeln sind wie alle WBRn, die sich nicht mit der Konkretisierung der wettbewerblichen Lauterkeit begnügen, mit einer Hypothek belastet: Sie schaffen ungleiche Wettbewerbsbedingungen für diejenigen, die sie einhalten und jene, die auf bestimmte Freiheiten für ihre Werbung nicht zu verzichten gewillt sind. Die vielerörterte[48] Frage der *Außenseiterbindung* an Leistungsgerechtigkeitsregeln betrifft zunächst, aber nicht ausschließlich, die Problematik einer durch solche exogen geschaffenen zusätzlichen Kriterien für die Erfolgssteuerung durch den Wettbewerb verursachbaren Wettbewerbsverzerrungen. Die freiwillig-selbstdisziplinäre Aufgabe leistungswidriger Praktiken zugunsten beispielsweise vermehrter technischer Leistungsdaten ermöglicht es ungebundenen Wettbewerbern unter Umständen, die Absatzförderung im Bereich der Werbung unverändert, womöglich aber forciert, leistungsfern zu betreiben. Das wird immer dann der Fall sein, wenn die Fortführung dieser Art zu werben größere Akquisitionserfolge bewirkt als eine marktleistungsbetontere Werbung.

Das *zweite* von einer nur lückenhaften tatsächlichen Geltung dieser Regeln hervorgerufene Problem besteht in der mangelhaften Funktionalität der Regeln wie der durch sie beeinflußten Werbung. Eine nur von einigen wenigen Unternehmen geübte Offerte von mehr Such- und Dateninformation[49] vermag die Qualität von Entscheidungsprozessen nur unvollkommen zu verbessern. Das Vergleichs- und erste Auswahlverhalten der Nachfrager setzte dazu eine *deutliche* Steigerung vergleichsgeeigneter nachgefragter Daten voraus. Seine qualitative Optimierung verlangt infolgedessen eine möglichst weitgehende Bereitschaft der Werbenden, diese vergleichsgeeigneten und gesuchten Informationen zur Verfügung zu stellen. Bleibt diese Bereitschaft mehr oder weniger aus, werden die tatsächlich vorgenommenen Ausleseentscheidungen der Umworbenen der Gesamtmenge real auf einem Markt vorhandener Daten entsprechend wenig gerecht. Die kausale Beziehung zwischen nicht leistungsgerechtem werblichem Informationsverhalten, nicht leistungsgerechten Kundenentscheidungen und nicht leistungsgerechter Erfolgsverteilung kann nur dann effektiv gelockert

[48] Vgl. aus dem Schrifttum insbes. *Meier,* ZRP 1977, S. 105; *Merkel,* BB 1977, S. 473; *Benisch,* Wettbewerbsverzerrungen und Wettbewerbsregeln, S. 50 f.; *Baur,* ZHR 141 (1977), S. 293. Das BKartA hat zu dieser Problematik im TB für 1976 (BT-Drucks. 8/704), S. 33 f., Stellung genommen.

[49] Dazu Fn. 8.

werden, wenn eine erhebliche Zahl konkurrierender Unternehmen sich zur Einhaltung aufgestellter leistungsbezogener Werberegeln bereitfindet. Denn nur unter diesen Umständen besteht die Chance, daß die Quantität vermehrt werblich angebotener Informationen in eine höhere Qualität der Summe getroffener Angebotsauslesen umschlägt. Der leistungsgerechte Einsatz des Wettbewerbsparameters der Werbung bedarf zu seiner Wirksamkeit folglich sowohl unter dem Aspekt der gleichmäßigen Werbemöglichkeiten als auch unter dem der Effizienz aufgestellter Regeln einer breiten Mitwirkung der Anbieter auf einem Markt. Diese beiden Gesichtspunkte des Außenseiterproblems wurden in der Zweiten Kartellgesetznovelle übergangen. Die §§ 28 ff. enthalten demzufolge in ihrer gegenwärtigen Fassung keinen Lösungsansatz.

Verbandsautonome Möglichkeiten bestehen allenfalls gegenüber verbandsinternen Außenseitern und ließen sich sinnvoll nur im Fall stark organisierter Branchen nutzen. Selbst dann stünden einer Durchsetzung gegenüber allen Mitgliedern erhebliche Schwierigkeiten entgegen. Insbesondere ist es höchst fraglich, inwiefern etwa eine Minderheit verbandsangehöriger Unternehmen durch qualifizierte Mehrheiten aufgrund satzungsmäßig zustandegekommener Beschlüsse — eine nicht selbstverständliche Ermächtigung innerhalb der Verbandssatzung vorausgesetzt — zur verpflichtenden Anerkennung von ihr abgelehnter WBRn gezwungen werden kann[50]. Bedenken hinsichtlich einer derartigen Majorisierung müssen um so mehr durchgreifen, als es sich bei den Regeln der §§ 28 ff. um Beschränkungen der wettbewerblichen Freiheit beim Einsatz der Konkurrenzmittel handelt, die für die einzelnen Unternehmen sehr unterschiedliches Gewicht erlangen können.

Mannigfache rechtliche und außerrechtliche, vor allem durch den Gebrauch der jeweiligen Macht eines Mitglieds gekennzeichnete Widerstände, von Stimm- und Finanzierungsverhalten über Rechtsmittelverfahren bis zum Austritt reichende Friktionen sind also zu erwarten. Naturgemäß werden verbandsexterne Gegner der von einer Wirtschafts- oder Berufsvereinigung aufgestellten Regeln die sich aus ihrer insoweit uneingeschränkten Werbefreiheit ergebenden Vorteile verstärkt zu nutzen trachten. In der Folge kann es anstatt zu Verbesserungen der marktleistungsgesteuerten Erfolgsverteilung durch den Wettbewerb zu ihrer Beeinträchtigung kommen, die je nach Standpunkt als Resultat mangelnder Anschlußbereitschaft oder legitimer Gegnerschaft qualifizierbar wäre.

Die Erkenntnis der weitgehenden Unwirksamkeit verbands*interner* Bemühungen, konkrete WBRn auf breiter Ebene durchzusetzen und die eo ipso bestehende Ungebundenheit der unorganisierten Wettbewerber

[50] Dazu *Baur*, ZHR 141 (1977), S. 299.

haben verschiedene Überlegungen veranlaßt, auf gesetzlichem Wege Abhilfe zu schaffen. Gemeinsam ist diesen im Schrifttum[51], aber auch bereits innerhalb des legislatorischen Bereichs[52] entwickelten Vorstellungen, daß sie die Geltungskraft der Leistungsgerechtigkeitsregeln von dem Erfordernis einer Zustimmung nahezu aller auf einem Markt befindlichen Anbieter *lösen* wollen. Der am häufigsten erörterte Vorschlag hierzu geht davon aus, daß dieses Ziel mit Hilfe einer in die Kompetenz des BMWi oder der Kartellbehörden gestellten *Allgemeinverbindlichkeitserklärung* nach dem Muster von § 5 TVG[53] erreicht werden soll. Gegen eine gesetzgeberische Verwirklichung dieses Plans bestehen erhebliche Bedenken unterschiedlichster Art.

So ist es bereits verfassungsrechtlich zweifelhaft, ob eine Belastung unbeteiligter Dritter, wie es die nicht zu einer vertraglichen Bindung bereiten Unternehmen wären, als freiheitsbeschränkende Maßnahme mit dem Schutz der wirtschaftlichen Betätigungsfreiheit in Art. 2 GG und dem Bestimmtheitsgebot als Ausfluß des Rechtsstaatsprinzips (Art. 20, 28 Abs. 1 Satz 1 GG) vereinbar wäre[54]. Während im Arbeitsrecht Art. 9 Abs. 3 GG eine derartige Belastung unbeteiligter Dritter aufgrund ihres systematischen Zusammenhangs mit dem dort garantierten Tarifvertragsrecht legitimiert, würde es an einer *gleichwertigen* rechtlichen Grundlage für allgemeinverbindliche WBRn fehlen. Ein einfaches, § 5 TVG nachempfundenes Gesetz zur Ergänzung der §§ 28 ff. ließe sich keinem von Verfassungs wegen institutionell geschützten Rechtsbereich zuordnen, denn die Wettbewerbsordnung hat ebensowenig wie die umfassendere Soziale Marktwirtschaft Verfassungsrang[55].

Ein nach Art. 2 Abs. 2 Satz 3 GG generell zulässiger einfachgesetzlicher Eingriff in die Freiheit der wirtschaftlichen Betätigung würde darauf hinauslaufen, daß es von der Aktivität eines Wirtschaftsverbandes abhinge, ob eine Allgemeinverbindlichkeitserklärung erfolgte oder nicht. Denn anders als Tarifvertragsabschlüsse bildet die Aufstellung von WBRn bislang nicht die Regel, sondern die Ausnahme.

---

[51] Vgl. die in Fn. 48 genannten Autoren.

[52] Innerhalb des BMWi ist ein Arbeitskreis „Sicherung des Leistungswettbewerbs", dem auch repräsentative Verbände der Wirtschaft angehören, u. a. mit dieser Frage im Vorfeld weiterer GWB-Novellierungen beschäftigt.

[53] *Benisch*, Wettbewerbsverzerrungen und Wettbewerbsregeln, S. 50 f. verweist zusätzlich auf Art. 6 des niederländischen Kartellgesetzes vom 16. 7. 1958, wonach ministeriell Regeln für allgemeinverbindlich erklärt werden können, wenn Anzahl und Gesamtumsatz der Beteiligten gegenüber den anderen Unternehmen überwiegen und die Erklärung im öffentlichen Interesse liegt.

[54] Vgl. zur verfassungsrechtlichen Problematik auch *Burchardi / Wolf*, Allgemeinverbindlicherklärung von Wettbewerbsregeln aus rechtlicher Sicht, WuW 1977, S. 743, 745 ff.

[55] Vgl. BVerfGE 4, 7 (17 f.) — *Investitionshilfe*.

Je nach den Verhältnissen in den einzelnen Verbänden würden die verschiedenen Branchen höchst unterschiedlich intensiv betroffen. Vieles hinge, wie *Merkel*[56] überzeugend darlegt, lediglich vom Zufall ab und würde sich folglich für die nicht unterwerfungswilligen Verbandsmitglieder wie für Verbandsaußenseiter als rein willkürlich darstellen.

Darüberhinaus fehlt es an einem ganz wesentlichen Vergleichsumstand: Während im Arbeitsrecht der für allgemeinverbindlich erklärte Tarifvertrag das Resultat zweiseitiger, durch einen echten Interessenwiderstreit gekennzeichneter Verhandlungen verkörpert, würde es im Fall der WBRn an der Interessenvertretung und Einflußnahme der betroffenen Gegenseite mangeln. Es wäre ohne weiteres möglich, Maximalvorstellungen zu formulieren. Würden sie von der zur Allgemeinverbindlichkeitserklärung berechtigten Behörde übernommen, könnte es durchaus sein, daß Sonderinteressen vielleicht betriebsökonomisch aus konjunkturellen oder sonstigen Gründen benachteiligter Außenseiter völlig unberücksichtigt blieben. Diese Unternehmen darauf zu verweisen, daß sie ihre Interessenlage der entscheidenden Behörde unterbreiten und auf diesem Weg zu ihren Gunsten Einfluß nehmen können, erscheint demgegenüber verfehlt. Die Möglichkeit, im Lauf ausführlicher Verhandlungen zu einem für beide Seiten befriedigenden Kompromiß zu gelangen und der im Nachhinein erfolgende Versuch, mit Hilfe von Gegenvorstellungen die Inkraftsetzung der Regeln durch die Behörde zu verhindern, sind keine gleichwertigen Alternativen der Interessenvertretung.

Es dürfte deutlich geworden sein, daß, wie immer schließlich die eingeschlagene Lösung ausfällt, ein Wesensmerkmal sachgerechter Ergänzungen der §§ 28 ff. in umfassenden Beteiligungsmöglichkeiten für diejenigen Unternehmen besteht, die gegenüber der aufstellungs- und eventuell eintragungswilligen Mehrheit innerhalb eines Verbands Gegenvorstellungen vorbringen wollen[57]. Das gebietet bereits der allgemeine Grundsatz des *Minoritätenschutzes*. Seine akute Notwendigkeit ergibt sich insbesondere aus der Gefahr des Mißbrauchs leistungsbezogener WBRn zu Zwecken einer den Eigen- und Machtinteressen der organisierten Regelbefürworter einseitig dienenden *Aushöhlung* wettbewerblicher Strukturen. Nur auf solche Weise kann wirksam verhindert werden, daß die oftmals beschworene Perversion des beabsichtigten institutionellen Wettbewerbsschutzes zu einer Erstarrung der von solchen Regeln berührten Märkte ausbleibt. Allein der bewährte Interessenpluralismus gewährleistete, daß Versuche zu einem solchen Fehlgebrauch der Möglichkeiten von § 28 Abs. 2 schon im Ansatz aufgedeckt würden. Die von Seiten des BMWi favorisierte Allgemeinver-

[56] A. a. O. (Fn. 48), S. 474.

[57] Das betont zu Recht auch *Baur*, ZHR 141 (1977), S. 307.

bindlichkeitserklärung nach arbeitsrechtlichem Vorbild soll, wie verlautet[58], wenn sie sich überhaupt durchsetzen sollte, an Voraussetzungen geknüpft werden, die eine Berücksichtigung von Außenseiterbelangen erlauben würden. Genannt wurden als Mindestbedingungen die *Eintragung in ein Register* für WBRn sowie eine *institutionalisierte Prüfung*, inwiefern ein *öffentlches Interesse* an der Ausdehnung der betreffenden Regeln auf nicht vertraglich gebundene Unternehmen bejaht werden kann[59]. Die nähere Ausgestaltung dieses Prüfverfahrens wäre von essentieller Bedeutung für eine abschließende Bewertung. Die Gefahrenpunkte und notwendigen Minimalbedingungen sind vielfach aufgezeigt worden. Es bleibt abzuwarten, wie sich die Ergebnisse der wettbewerbspolitischen Diskussion insoweit in einer weiteren Novellierung des GWB niederschlagen werden[60].

Für die Durchsetzbarkeit der hier erörterten Werberegeln zur leistungsgerechteren wettbewerblichen Erfolgs- bzw. Einkommensverteilung gelten indessen einige Besonderheiten, die nicht nur im Zusammenhang mit neuen gesetzlichen Realisierungshilfen beachtet werden sollten. Zumindest in *zwei* bedeutsamen Punkten unterscheiden sich diese WBRn von solchen mit anderen Regelungsbereichen: Der *erste* Unterschied besteht in der verhältnismäßig geringen Reichweite, mit der diese Regeln die wettbewerbliche Verhaltensfreiheit einengen[61]. Es liegt in der Natur der Absatzwerbung begründet, daß ihre kommunikative Beeinflussungsabsicht in verschiedenster Weise, in zahlenmäßig und qualitativ kaum begrenzten Varianten, in die Wirklichkeit umgesetzt werden kann. Dieser Variantenreichtum werblicher Möglichkeiten ist Folge der geistig-seelischen Zielsetzung der Wirtschaftswerbung[62]: Mit einfachen bis extrem subtilen psychologischen Techniken Widerstände (Reaktanz) auf Seiten der Umworbenen zu verhindern, zu mindern oder günstigenfalls abzubauen, kurz, im Sinne der erstrebten Akquisition zu motivieren. „Die" Beeinflussungsmethode schlechthin wird es dabei niemals geben, weil es nicht „das" Motiv des individuellen erfolgreich beeinflußten und noch weniger der einer mehr

[58] Vgl. den Ergebnisvermerk über die Sitzung des Arbeitskreises „Sicherung des Leistungswettbewerbs" vom 11. März 1977 (BMWi I B 5 — 22 13 53/2 — v. 24. März 1977); eine Zusammenfassung unter dem Titel „Allgemeinverbindlichkeit nur bei absoluter Mehrheit" erschien im Handelsblatt vom 18. April 1977.

[59] Vgl. den Diskussionsbeitrag von *Stahl* (Leiter des Referats für Wettbewerbspolitik im BMWi) im Bericht über den Wettbewerbskongreß 1977 in München (herausgegeben v. Bayerischen Staatsministerium für Wirtschaft und Verkehr), S. 305.

[60] Der Regierungsentwurf eines Vierten Gesetzes zur Änderung des Gesetzes gegen Wettbewerbsbeschränkungen (abgedruckt in WRP 1978, S. 708 ff.) enthält allerdings keine Änderung der §§ 28 ff. GWB.

[61] Dazu o. 5.1.2.1.

[62] S. o. 1.3. und 5.1.1.

oder weniger unscharf, notwendig überindividuell definierten Zielgruppe gibt. Die komplexen Motivbündel[63], die anzusprechen sind, erlauben es ungeachtet der Schwierigkeiten, die ihre Komplexität andererseits mit sich bringt, Werbebotschaften spektral zu konzipieren. Demnach läßt sich niemals ein Fixpunkt des maximalen Erfolgs bestimmen. Was ausgemacht werden kann, ist allenfalls eine schwerpunktmäßig variable Skala erfaßbarer Motive, die es schwerpunktmäßig unterschiedlich abzudecken gilt. Die Problematik der erfolgreichen Motivierung mit ihrem Zwang zur Variabilität des Vorgehens beschränkt solchermaßen die Intensität partieller Eingriffe in die Werbegestaltungs- oder, allgemein, in die Werbefreiheit.

Die Vielzahl alternativer (im Fall von Negativregeln) oder zusätzlicher (im Fall von Positivregeln) Motivierungschancen, die aufgrund der relativ punktuellen Position von Werberegeln mit Leistungsbezug besteht, wird vermutlich zu einer größeren Bereitschaft zu ihrer Anerkennung beitragen, als sie etwa im Endeffekt viel einschneidenderen Antidiskriminierungs- oder Preisregeln höchstwahrscheinlich entgegengebracht würde.

Das *zweite* Spezifikum leistungsbezogener Werberegeln betrifft das langfristige wirtschafts- und gesellschaftspolitische Klima, dem sich die Wirtschaftswerbung gegenübersieht. Die konsequent funktionale Betrachtungsweise der gegenwärtigen wettbewerbspolitischen Leitvorstellungen steht in auffallendem Einklang mit den größtenteils staatlich unterstützten Bemühungen zum Schutz der Belange der Nachfrageseite, vor allem der privaten Konsumenten. Die am meisten ins Auge fallenden praktischen Auswirkungen dieser Ansätze sind eine Vielzahl von (materiell) gesetzlichen Vorschriften auf dem Gebiet der Warenkennzeichnung[64], mithin eine Steigerung des dem Kunden verfügbaren Informationspotentials[65]. Bekanntlich ist der Einfluß der Normierungsarbeiten der EG-Kommission zu Zwecken des internationalen Warenverkehrs auf diese Entwicklung besonders groß. Er wird in Zukunft

---

[63] Vgl. *Sacherl,* ZfbF N. F., Bd. 18 (1966), S. 339, 344.

[64] Vgl. nur die „Übersicht über Vorschriften des Lebensmittel- und Bedarfsgegenständerechts" in der Gesetzessammlung *Sartorius* I (Nr. 280, S. 33 ff.).

[65] Auf freiwilliger Basis und insofern leistungsbezogenen Werberegeln vergleichbar sind vor einiger Zeit unter Federführung des *Ausschusses für Lieferbedingungen und Gütesicherung (RAL)* unter Beteiligung von Hersteller- und Verbraucherorganisationen „Richtlinien für ‚Produktinformation' in der Bundesrepublik Deutschland" (RAL-PI 1/77) aufgestellt worden. Sie verfolgen, wenn auch nicht unter dem Aspekt des leistungsgerechten Wettbewerbs, im wesentlichen Ziele, die auch den hier erörterten Werberegeln eigen sind, beabsichtigen aber eine sehr viel umfänglichere Dateninformation, als sie aufgrund der spezifischen Verhältnisse in der Werbung stattfinden kann. Vgl. dazu auch die *Kommission für wirtschaftlichen und sozialen Wandel,* Gutachten, S. 415.

sicherlich in Form einer vermehrten Integration der Resultate dieser Arbeit in das deutsche Recht noch zunehmen.

Werberegeln der neuen Art stellen jedenfalls nur *ein* Instrument im Konzert der informationserhöhenden Regeln für den Absatz dar. Die Zunahme von Such- und Dateninformationen in der Werbung, die sie hervorzurufen vermögen, ist allerdings im Unterschied zu deren generellem Anstieg eine *wettbewerbsbezogenere*. Sie steht im Dienst der leistungsgerechteren Auslese durch werbeberührte Kunden, ist also in diesem speziellen Sinn funktionalisierte Informationserhöhung primär zugunsten der werbenden Anbieter, in zweiter Linie im Interesse der Nachfrager als Informationsnachfrager. Privatrechtliche Anerkennung und tatsächliche Befolgung leistungsbezogener Werberegeln stellen folglich nur ein relatives Novum für viele Unternehmen dar, die ohnehin, wenn auch bisher seltener in ihrer Werbung, transparenzerhöhenden staatlichen Regeln gemäß Informationsleistungen zu erbringen haben. Die mit der Praktizierung entsprechender WBRn verbundene Zäsur wäre im Hinblick auf ihre Werbefreiheit infolgedessen nicht als gravierend einzustufen und würde gegebenenfalls durch den Erfolg der im eigenen Absatzinteresse auf die Werbung ausgedehnten besseren Informationsversorgung ausgeglichen.

Es ist bemerkt worden, die Unternehmen seien wohl kaum dazu zu bewegen, WBRn ihre Zustimmung zu geben, die primär im Interesse der Markt*gegenseite* lägen[66]. Das ist nur teilweise zutreffend: Eine Interessenpriorität der Nachfrageseite bestünde im Fall leistungsbezogener Werberegeln mit Sicherheit nicht, wohl aber ein teilweiser Interessen*gleichklang:* Die Informationsangebote und ihre Gestaltung innerhalb der Werbung werden von den Unternehmen einer Branche im Fall von Werberegeln an deren Leistungen ausgerichtet bestimmt. Die Verbesserung der wettbewerblichen Auslesefunktion, die mit ihnen gefördert werden könnte, wird als Ziel fraglos auch von den zur Stellung von Eintragungsanträgen berechtigten *Verbänden* proklamiert. Die *Nachfrager* als die Ausführenden der marktleistungsorientierten Steuerung der Einkommensrelationen im Wettbewerbssystem sind an einer Optimierung jener Funktion gleichfalls, aber in anderer Hinsicht, interessiert. Die für sie bedeutsamen Gesichtspunkte stehen dabei vorwiegend in Zusammenhang mit dem unter ihnen herrschenden *Nachfragewettbewerb* um optimale Chancen der Bedarfsdeckung oder auch schlicht mit der Befriedigung ihrer Bedürfnisse. Es ist demnach evident, daß auch ihre Interessen durch Leistungsgerechtigkeitsregeln für die Werbung mancher Branchen positiv berührt würden.

Diese *Interessenkoinzidenz* birgt eine, soweit ersichtlich, nur für diese Gattung der WBRn zutreffende günstige Durchsetzungssituation: Sie

[66] *Langen / Niederleithinger / Schmidt* § 28 Anm. 13.

enthält die Chance der Werbenden, einen Beitrag zur Bremsung einer Entwicklung zu leisten, die Raffée[67] treffend die „Entleerung des Wahrhaftigkeitspotentials in der Werbung" genannt hat. Das *Einseitigkeitsprinzip* werblicher Informationspolitik und die weitgehende Zurückdrängung ökonomisch verwertbarer Daten haben unbestreitbar dazu geführt, daß die Werbung als Entscheidungshilfe für den individuellen Kunden gegenwärtig eine verhältnismäßig untergeordnete Rolle spielt. Ihre Verläßlichkeit wird grundsätzlich von vornherein in Frage gestellt. Die Einstellung (und damit zugleich ihre Entstehungsfaktoren) zu werblicher Kommunikation ist aber eine betriebswirtschaftliche Größe[68], wenn sie sich, was experimentell nachgewiesen werden konnte[69], auf den Werbeerfolg spürbar auszuwirken vermag. Leistungsbezogene Werberegeln könnten insofern branchenspezifisch eine *Trendwende* einleiten und unter diesem besonderen Gesichtspunkt auch eingesetzt werden. Den Unternehmen obläge es in ihrem eigenen (Akquisitions-)Interesse, die von ihnen eingegangene Verpflichtung dem Publikum hinreichend deutlich werden zu lassen und es mit der Tendenz zur Leistungsgerechtigkeit bekannt zu machen, die sich in der Bereitwilligkeit ausdrückt, die jeweiligen Regeln einzuhalten. Werbung als Nachrichtenquelle aufzuwerten, entspräche dem Interesse der Werbenden immer dann, wenn zur Erzielung einer angemessenen Werbewirkung überdurchschnittliche Zuwendungsleistungen kognitiver Art notwendig werden. Da anzunehmen ist, daß diese von den Konsumenten erwarteten kognitiven Zuwendungsleistungen mit einem höheren Erwartungsniveau der Umworbenen hinsichtlich der für sie brauchbaren Orientierungshilfe verbunden sind (insbesondere bei sogenannten extensiven Kaufentscheidungen mit hohem Folgerisiko), bedarf es generell informativer Zuwendungssignale (starker Zuwendungsanreize) als integraler Bestandteile effizienter Werbestrategien. Um negativem Lernen aus insofern unzureichender individueller Werbung in einer Branche entgegenzuwirken, können transparenzerhöhende Werberegeln bzw. ihre verbindliche Anerkennung durch das werbende Unternehmen als Signale offen eingesetzt werden. Werberegeln mit dem Schwergewicht auf der Korrelation von Marktleistung und Wettbewerbserfolg vereinigen daher mehrere Vorzüge sowohl zugunsten der Anbieter als zugunsten der umworbenen Zielgruppen; der Vorteil für die Letztgenannten wirkt sich mittelbar wiederum im Sinne besserer Werbeerfolgs- und damit günstigerer Wettbewerbschancen derjenigen Konkurrenten aus,

---

[67] Konsumenteninformation und Beschaffungsentscheidung des privaten Haushalts, S. 151 f.

[68] *Feigs*, Die Einflüsse von Verbraucherinformation auf die Werbewirkung — Bericht über eine empirische Untersuchung, S. 48.

[69] Vgl. *Feigs*, S. 48 ff.

die die Anerkennung der Regeln in ihre Werbung ausdrücklich einbeziehen.

Die Durchsetzung dieser Werberegeln wird sich also in dem Maß leichter erreichen lassen, in dem ihre Funktion im klassischen Sinn an Popularität gewinnt, d. h. Bestandteil des durchschnittlichen Kundenwissens wird. Dieser Umstand ist aber noch in anderer Hinsicht bedeutsam: Der generell werbeverstärkende Effekt der Regeln erlaubt eine schrittweise, mit einigen Mitgliedern einer Branche beginnende Einführungsphase, an die sich aufgrund eines naheliegenden Imitationsdrucks mit zunehmender Intensität eine Phase der allmählichen Anerkennung durch die übrigen Anbieter anschließt. Vorstoß und Anpassung infolge eines durch die Öffentlichkeit anerkannten Gewinns der jeweiligen Branchenwerbung an Informationswert, wie sie sich hier besonders anbieten, würden die Verbreitung des neuen kartellrechtlichen Instruments wesentlich fördern, wenn nicht gar mehr oder weniger bedingen. Die Nutzbarkeit erfolgreicher Anfänge und auf sie folgender gestiegener Publikumserwartungen läßt daher die Aussichten für eine marktweite Durchsetzung zumindest einzelner leistungsbezogener Werberegeln im Vergleich zur Gesamtheit der in Betracht kommenden Regelungsthemen in einem günstigen Licht erscheinen.

7. Zusammenfassung und Ausblick

Leistungsbezogene Werberegeln sind nach alledem ein brauchbares Instrument für eine selbstverantwortliche Optimierung der wettbewerblichen Auslesefunktion durch die Verbände der Wirtschaft. Ihr *Doppeleffekt* — unternehmensgrößenbezogene Strukturpolitik zu unterstützen und gleichzeitig, als Mittel zur Erreichung des erstgenannten Ziels, das Informationspotential der Umworbenen zu erhöhen — ist allerdings an bestimmte Voraussetzungen geknüpft. Elementare Bedingungen sind dabei — über jene des § 28 Abs. 2 hinaus — die Eignung eines Marktes für rationale Leistungsvergleiche (relative Heterogenität von Preisen, Qualitäten etc.), ein akuter Bedarf der Werbezielgruppen nach Such- und Dateninformationen, sowie nicht zuletzt die Vergleichsbereitschaft der werbenden Unternehmen. Ein erheblicher Informationsbedarf potentieller Kunden besteht hinsichtlich aller Güter und Dienstleistungen, deren Erwerb nicht sehr häufig geschieht und deren Gebrauchswert nicht zum alltäglichen Erfahrungsbereich zählt. Werbung stellt ferner generell bei allen teureren Angebotskategorien, insbesondere bei Anschaffungen nicht nur kurzfristig verwendbarer Güter des gehobenen Bedarfs, ein Feld für die erste Informationssuche nach der individuell besten Leistungskombination dar.

Eine mit Hilfe der hier erörterten Werberegeln nach § 28 Abs. 2 vermehrte Priorität für marktdatenkonzentrierte Werbung vermag mit großer Wahrscheinlichkeit das Interesse der Abnehmer eher auf vergleichbar gute Leistungen der Unternehmen zu lenken, als wenn vom Großteil der branchenangehörigen Konkurrenten mit leistungsfremden Mitteln geworben wird. Die vermehrte Bedeutung einer Werbung, die Ergebnisse kaufmännischer Leistungsfähigkeit wie günstige Preise, gute Qualität und Lieferkonditionen, Service nach Geschäftsabschluß und dergleichen in den Vordergrund rückt oder doch zumindest auch enthält, begünstigt kleine und mittelgroße Wettbewerber, die diese Leistungen ebenfalls erbringen. Indem sie sich in ihrer Werbung gleichfalls einem Vergleich durch den informationssuchenden Interessenten unterwerfen, erhöht sich die Wahrscheinlichkeit dafür, daß die beabsichtigte Akquisition erfolgreich ist, falls sie in diesem Vergleich gut abschneiden. Die größenbedingte Unterlegenheit dieser Unternehmen in nicht im Zusammenhang mit ihrer branchenmäßigen Leistungsfähigkeit stehenden Bereichen des Wettbewerbs tritt dabei zurück. Die Wettbewerbschancen werden vermehrt positiv mit den Leistungsresultaten korreliert und weniger mit der Unternehmensgröße. In diesem Effekt liegt der unternehmensgrößenbezogene strukturpolitische Vorzug leistungsbezogener Werberegeln begründet.

Als für die freiwillige Anerkennung und damit die Durchsetzung entsprechender Regeln im wesentlichen entscheidend dürfte sich die *Vergleichsbereitschaft* der verbandsangehörigen Unternehmen erweisen. Sie hängt zu sehr von den Umständen des Einzelfalls ab, als daß darüber mehr als nur sehr allgemeine Vorhersagen möglich sind. Beispielsweise wird eine WBR, die zur Aufnahme einer Reihe von Mindestinformationen, etwa technischer Werte, in die Printwerbung verpflichtet (Positivregel), um so eher akzeptiert werden, als diese verlangten Daten für die Mehrzahl der Unternehmen günstig sind. Die Möglichkeit, einen ungünstigen Eindruck hinsichtlich eines Wertes mit einem anderen anzugebenden Wert auszugleichen, dürfte ebenfalls von Bedeutung sein. In welchem Umfang ein Ausweichen auf nicht leistungsgerechte Werbefaktoren verhindert werden kann, ist ein graduelles Problem, bei dem Eigen- und Brancheninteressen gegeneinander wirken und für das nur Kompromißlösungen in Frage kommen.

Ohne der tatsächlichen Entwicklung allzusehr vorzugreifen muß aber bereits heute festgehalten werden, daß leistungsbezogene Werberegeln, wie alle WBRn auf der Grundlage des erweiterten § 28 Abs. 2, eine Interpretation des zentralen Begriffs der Wirksamkeit eines leistungsgerechten Wettbewerbs bedingen, die über die gegenwärtige Auslegung durch das BKartA hinausgeht. Das gilt jedenfalls für *negative* Werberegeln, für deren strukturpolitische und markttransparenzsteigernde Funktion die in dem zitierten[1] Schreiben des BKartA an den *BDZV* postulierte Schwelle der Unlauterkeit nicht absolut gelten sollte. Vielmehr müssen diese jenseits der Unlauterkeitsbekämpfung liegenden Ziele als gesonderte Problematik begriffen und die Eintragungspraxis der Kartellbehörden diesem Verständnis angepaßt werden. Erst dann wird diese neue Art der WBRn die eigenständige Bedeutung erlangen, die gesetzgeberisch intendiert war: Die Bedeutung eines Instrumentariums zur funktionsmäßigen Optimierung des realen Wettbewerbs als Mittel zur längerfristigen Sicherung der Existenz des Wettbewerbssystems.

Denkbare Konflikte zwischen dem Ziel der qualitativen Verbesserung der Erfolgsverteilung durch den Wettbewerb einerseits und dem der quantitativen Wettbewerbserhaltung andererseits sind unter Abwägung der möglichen Folgen von den Eintragungsbehörden zu lösen. Darin liegt die neue Bedeutung von § 31 Abs. 1. Als Leitlinie für die Ausübung des dort eingeräumten Ermessens gilt, daß lediglich kurzfristig zu erwartende Intensitätsminderungen in Kauf genommen werden

[1] Vgl. o. 4.2.

sollten. Gesicherte wettbewerbliche Strukturen lassen sich nicht durch weniger Wettbewerb erkaufen. Sie stellen vielmehr ein Mittel zur Gewährleistung und womöglich zur Ausdehnung des vorhandenen Quantums wettbewerblicher Auseinandersetzungen auf den jeweiligen Märkten dar. So verstanden ist eine leistungsgerechtere Erfolgsverteilung im Wettbewerbssystem dem Generalziel des Kartellrechts untergeordnet, die ökonomische und liberale Vorteilhaftigkeit dieses Ordnungsfaktors zu bewahren. Richtet sie sich an diesem Verhältnis zwischen qualitäts- und quantitätsbezogenen wettbewerblichen Aktivitäten aus, bleibt für die Anwendung der neuen Werberegeln gleichwohl ein weites Feld. Die Priorität der nicht primär unternehmensgrößenabhängigen, objektiv vergleichbaren Ergebnisse kaufmännischer Anstrengungen, gute und bessere Leistungen anzubieten als die jeweiligen Konkurrenten, ist ein wichtiger Teilausschnitt dieses Anwendungsbereichs.

Leistung als vorrangiger Erfolgsfaktor ist für das Recht des Wettbewerbsschutzes in seiner Gesamtheit kein Novum. Die vom BKartA vorgeschlagene Formel für einen leistungsgerechten Ausleseprozeß unter den konkurrierenden Unternehmen knüpft inhaltlich stark an im Recht des unlauteren Wettbewerbs von der Rechtsprechung entwickelte und dort anerkanntermaßen bewährte Kriterien an. Der vorwiegend mit der eigenen Leistung geführte Wettbewerb, der im Recht der WBRn entsprechend den neuen wettbewerbspolitischen Leitlinien für die Kooperationsmöglichkeiten der Zweiten Kartellgesetznovelle instrumentalisiert wird, hat durch diese Herleitung aus dem Bereich des UWG zugleich die notwendigen Konturen gewonnen. Kritischen Stimmen zur Neufassung von § 28 Abs. 2 ist entgegenzuhalten, daß die von ihnen angegriffene Unbestimmtheit der Ergänzung infolgedessen in Wahrheit relativ gering ist.

Schwierigkeiten für die praktische Anwendung des neuen Definitionsteils erwachsen vielmehr aus dem noch ungewissen Zielbereich leistungsorientierter WBRn, insbesondere aus ihrer Einbindung in die Ziele der regierungsamtlichen Wettbewerbspolitik. Der in der Literatur zur Neufassung von § 28 Abs. 2 geäußerten Kritik ist insofern beizupflichten, als der institutionelle Wettbewerbsschutz als Zielvorgabe in der Tat für sich allein betrachtet nicht ausreicht. Vielmehr erscheint es notwendig, die Funktionalität der neuen Regeln in ihren wichtigsten Zusammenhängen anhand der, wenngleich lückenhaften, Materialien aus dem Gesetzgebungsverfahren erheblich weiter zu erschließen. Erst wenn so eine hinreichend sichere Verbindung zwischen (strukturellem) Schutz des funktionsfähigen Wettbewerbs und dem normativ vorgegebenen Auslesekriterium der Leistungsgerechtigkeit geschaffen ist, wird die Anwendungsfreudigkeit der in Frage kommenden Wirtschaftsverbände steigen können. „Sicher“ kann diese Verbindung genannt werden, wenn die äußeren Grenzen für die Erprobung des Begriffs der Leistung im Feld des institutionellen Wettbewerbsschutzes abgesteckt sind.

Für Werberegeln hat sich ergeben, daß ihre Einfügung in das gesamte Schutzinstrumentarium des Wettbewerbsrechts wesentlich bestimmt wird durch die Vielfalt rechtmäßiger Werbeformen, die es zu gewährleisten gilt. Ein Verbändedirigismus muß vermieden und der Vorrang der Werbefreiheit in Zweifelsfällen gewahrt werden, ein Gebot, das bereits aus der Verfassungsgarantie des Art. 12 Abs. 1 GG folgt. Der Gedanke der Sicherung mittelständischer Wettbewerbsstrukturen darf nicht verabsolutiert und in einen Mittelstandsprotektionismus verfälscht werden, der der Funktionsfähigkeit des Wettbewerbs insgesamt nur schaden würde.

Zur Aufwertung der Funktion, die Werbung als Informationspotential für marktdateninteressierte Empfänger besitzt, kann mit Hilfe negativer und positiver Regeln beigetragen werden.

Negative Werberegeln sind auf vergleichsgeeigneten Märkten einsetzbar, falls anerkanntermaßen leistungswidriges Wettbewerbsverhalten, in erster Linie Formen der sog. Wertwerbung, durch alternative leistungsbezogene Werbearten ersetzt werden soll.

Diese alternativen Werbearten können auch *positiv* bestimmt werden (Positivregeln). Mit Rücksicht auf die Priorität der Werbefreiheit gilt allerdings, daß eine Pflicht zur Angabe von bestimmten Daten auf wichtige Mindestinformationen beschränkt wird. In der Praxis dürften hierbei Qualitätskennzeichnungen nach anerkannten Normen überwiegen.

Die Entwicklung von Werberegeln als eigenständige strukturpolitische Initiative der Branchenverbände wird, wie die aller leistungsbezogenen WBRn, Schwierigkeiten bei der Durchsetzung begegnen. Das wichtigste der auftretenden Probleme ist, wie sich schon jetzt zeigt, jenes der nicht regelgebundenen Unternehmen, die aus einer Weigerung, von anderen akzeptierte Kodices anzuerkennen, Wettbewerbsvorteile für sich ziehen können. Die im BMWi erwogenen Pläne einer an mehrere Kautelen, vor allem an erhebliche Quoten beteiligungswilliger Unternehmen, geknüpften Ausdehnung entsprechender Regeln auf Außenseiter sind zu begrüßen, zumal die unternehmensgrößenbezogenen strukturpolitischen Effekte eine auf breiter Front innerhalb der einzelnen Branchen erfolgende Begünstigung leistungsorientierten Wettbewerbsverhaltens voraussetzen. Majorisierungen von Außenseitern müssen auf jeden Fall bereits wegen der hinter größeren Abweichungstendenzen zu vermutenden Interessengegensätze in einer Branche vermieden werden. Eine gesetzliche Lösung dieses Problems im Rahmen einer Novellierung des GWB bleibt abzuwarten.

Nicht vernachlässigt werden sollte der Umstand, daß Werberegeln sich einer allgemeinen wirtschafts- und gesellschaftspolitischen Neuorientierung zugunsten einer stärker *verbraucherbetonten* Auffassung des realen Wettbewerbs anpassen. Es wäre zu überdenken, ob in ihnen nicht zugleich ein Mittel gesehen werden kann, den verbraucherkritischen Argumenten gegen als unsachlich, „machtmißbrauchend" oder in sonstiger Weise kundenfeindlich angegriffene Arten der Werbung zu begegnen. Die Werbung könnte solchermaßen zumindest partiell besser legitimiert werden[2]. Daß die einzige Chance, ihr eine größere volkswirtschaftliche funktionale Berechtigung zu verschaffen, in einer erweiterten Informationsfunktion für die Umworbenen liegt, ist, soweit ersichtlich, unbestritten. Leistungsbezogene Werberegeln sind ein Weg dazu, der seit der Kartellgesetznovelle von 1973 existiert. Er sollte beschritten werden.

---

[2] Auf langfristige Entwicklungen mit dieser Tendenz weist *Angehrn*, MA 1973, S. 16, 22, hin. Vgl. auch als Stimme aus dem Lager der organisierten Werbungstreibenden und Werbepraktiker Dankwart *Rost* (Vorsitzender des *Deutschen Werberats* und zuvor Präsident des *ZAW*), Grundzüge der Werbung in den 80er Jahren, MA 1977, S. 256 ff. *Rost* a. a. O. (S. 262): „... unsere Strategie kam aus der Reaktion heraus. Für die Zukunft wäre es notwendig, den Wandel der Werbung aktiv zu betreiben und unser Instrumentarium zu verbessern."

Literaturverzeichnis

Angehrn, O.: Qualitatives statt quantitatives Wachstum der Werbung? In: MA 1973, S. 16—22.

Anton, M.: Die Ziele der Werbung in Theorie und Praxis. Wiesbaden 1973.

Baumbach-Hefermehl: Wettbewerbs- und Warenzeichenrecht. Band 1, 11. Aufl., München 1974.

Baur, J. F.: Wettbewerbsregeln und Außenseiter. In: ZHR 141 (1977), S. 293—312.

Bayerisches Staatsministerium für Wirtschaft und Verkehr: Wettbewerbskongreß München 1977. Bericht / Referate und Diskussionsbeiträge. München 1977.

Behrens, K.-Chr.: Absatzwerbung. 2. Aufl., Wiesbaden 1976.

Benckendorff, G.: Kartellrecht und Werbemaßnahmen. In: MA 1952, S. 800 ff.

Benesch, H.: Die Suggestion in der Werbung. In: Psychologische Beiträge, Bd. IX (1966), S. 212—232.

Benisch, W.: Beschränkungen des Nachfragewettbewerbs. In: WuW 1960, S. 842.

— Kartellrecht und Schutz der individuellen Freiheit. In: WuW 1961, S. 764.

— Kooperationsfibel. 4. Aufl., Bergisch-Gladbach 1973.

— Wettbewerbsregeln gegen Rabattdiskriminierungen. In: GRUR 1976, S. 448—453.

— Wettbewerbsverzerrungen und Wettbewerbsregeln. In: Schwerpunkte des Kartellrechts 1975/76 (FIW-Schriftenreihe, Heft 77), Köln, Berlin, Bonn, München 1977, S. 39—52.

Blickenstorfer, H.-U.: Die Stellung der Werbung im Marketing der Produktionsgüterindustrie. Diss. Zürich 1970.

Blume, O. / *Röper*, B.: Werbung für Markenartikel. Auswirkungen auf Markttransparenz und Preise. 2 Studien. Teil A von O. Blume und G. Müller, Teil B von B. Röper. Göttingen 1976.

Böhm, F.: Das Problem der privaten Macht. In: Franz Böhm, Reden und Schriften. Karlsruhe 1960, S. 25 ff.

Böx, I.-A.: Die Typik und Zulässigkeit von Wettbewerbsregeln (§ 28 Abs. 2 GWB) Diss. Göttingen 1974.

Borchardt, K. / *Fikentscher*, W.: Wettbewerb, Wettbewerbsbeschränkung, Marktbeherrschung. (Abhandlungen aus dem gesamten Handelsrecht, Bürgerlichen Recht und Konkursrecht, 24. Heft) Stuttgart 1957.

Borck, H. G.: Branchenfremde Vorspannangebote. In: WRP 1975, S. 1 ff.

— Wertreklame: Leistungs- oder Nichtleistungswettbewerb? In: WRP 1976, S. 285—287.

Borden, N. H.: The Economics of Advertising. Chicago 1942.

Brückner, P.: Die informierende Funktion der Wirtschaftswerbung. Berlin 1967.

Bundesregierung: Regierungsentwurf eines Vierten Gesetzes zur Änderung des Gesetzes gegen Wettbewerbsbeschränkungen. In: WRP 1978, S. 708—713.

Bundeswirtschaftsministerium: Wettbewerbsverzerrungen — Beispielskatalog des Bundeswirtschaftsministeriums („Sündenregister"). In WRP 1975, S. 24—32.

Burchardi, W. E. / *Wolf,* A.: Allgemeinverbindlicherklärung von Wettbewerbsregeln aus rechtlicher Sicht. In: WuW 1977, S. 743—750.

Comanor, W. S. / *Wilson,* T. A.: Advertising and Market Power (Harvard Economic Studies, Vol. 144) Cambridge (Mass.) 1974.

Dörinkel, W.: Bringt die Kartellnovelle Erleichterungen für die Zusammenarbeit der Unternehmen? In: WuW 1971, S. 607 ff.

— Leistungswettbewerb — Rechtsbegriff oder Schlagwort? In: DB 1967, S. 1883—1885.

Droste, H.: Zum Verkauf „branchenfremder" Artikel. In: GRUR 1976, S. 466—472.

Eickhof, N.: Kooperation, Konzentration und funktionsfähiger Wettbewerb. Tübingen 1975.

Emmerich, V.: Kooperationen im Wettbewerbsrecht — Kritische Bemerkungen zum gegenwärtigen Stand der Kooperationsdiskussion. In: ZGR 1976, S. 167—187.

Feigs, J.: Die Einflüsse von Verbraucherinformation auf die Werbewirkung — Bericht über eine empirische Untersuchung (Heft 31 der Arbeitspapiere des Instituts für Konsum- und Verhaltensforschung im Institut für empirische Wirtschaftsforschung an der Universität des Saarlandes). Saarbrücken 1975.

Franke, J.: Werbung und Konzentration. Diss. Berlin 1970.

Franzen, H.: Die Wettbewerbsregeln des Markenverbandes — Ergebnisse der Rechtsprechung oder mehr? In: WRP 1976, S. 519—521.

Freitag, K. P.: Der Leistungswettbewerb als rechtliche Denkfigur. Diss. Göttingen 1968.

Friedrichs, G.: Werbung und Konzentration. In: Behrens, K.-Chr. (Hrsg.), Handbuch der Werbung, Wiesbaden 1970, S. 79—90.

Gäfgen, G.: Theorie der wirtschaftlichen Entscheidung. 3. Aufl., Tübingen 1974.

Giesel, H. B.: Unternehmenswachstum und Wettbewerb. Baden-Baden 1975.

Gieseler, H. P.: Konsumgüterwerbung und Marktstruktur. Freiburg 1971.

Gleiss, A.: Gemeinschaftswerbung und Kartellrecht. In: MA 1953, S. 685 ff.

Gleiss, A. / *Hootz,* Chr.: Anmerkung zu BGH NJW 1962, S. 247. In: NJW 1962, S. 391 f.

Gries, G.: Gegen Freistilringen im Wettbewerb. In: MA 1976, S. 205 ff.

— Wettbewerbsregeln — ungenutzte Chance? In: MA 1977, S. 240—250.

Gutenberg, E.: Grundlagen der Betriebswirtschaftslehre. Zweiter Band: Der Absatz. 15. Aufl., Berlin, Heidelberg, New York 1976.

Halbey, H.: Zur kartellrechtlichen Beurteilung von Werbebeschränkungen nach § 1 GWB. In: WRP 1967, S. 77—80.

Hamm, W.: Die Bedeutung des leistungsgerechten Wettbewerbs im Rahmen der Wettbewerbsregeln. In: WuW 1975, S. 115—133.

Hax, K.: Optimale Unternehmensgrößen in einer sich wandelnden Wirtschaft. In: ZfbF XVII (1965), S. 418 ff.

Hayek, F. A. v.: Der Wettbewerb als Entdeckungsverfahren. In: Freiburger Studien. Tübingen 1969, S. 249—265.

Hönn, G.: Wettbewerbsregeln und die Wirksamkeit eines leistungsgerechten Wettbewerbs. In: GRUR 1977, S. 141—147.

Hoppmann, E.: Binnenhandel und Binnenhandelspolitik. Berlin und Frankfurt a. M. 1959.

— Die sogenannten Bagatellkartelle der „neuen Wettbewerbspolitik". In: DB 1970, S. 93—100.

— „Neue Wettbewerbspolitik": Vom Wettbewerb zur staatlichen Mikrosteuerung. (Bemerkungen zu einem „neuen Leitbild der Wettbewerbspolitik") In: JbNSt. 184 (1970), S. 397—416.

— Zum Schutzobjekt des GWB. In: Wettbewerb als Aufgabe — Nach zehn Jahren Gesetz gegen Wettbewerbsbeschränkungen. Bad Homburg v. d. H., Berlin, Zürich 1968.

Horstmann, W.: Selbstbeschränkungsabkommen und Kartellverbot. Frankfurt a. M., Bern 1977.

Hundhausen, C.: Über die Funktionen der Werbung. In: ZfhF 1960, S. 567 ff.

Jacob, K.-D.: Werbung und Wettbewerb: eine theoretische Analyse. In: Schmollers Jahrbuch für Gesetzgebung, Verwaltung und Volkswirtschaft. 86. Jg. (1966), II. Halbbd., S. 385—421.

Jäckering, W.: Die politischen Auseinandersetzungen um die Novellierung des Gesetzes gegen Wettbewerbsbeschränkungen (GWB). Berlin 1977.

Kaldor, N.: The Economic Aspects of Advertising. In: Nicholas Kaldor, Essays on Value and Distribution, 2nd Edition, London 1962, S. 96—142.

Kantzenbach, E.: Die Funktionsfähigkeit des Wettbewerbs. 2. Aufl., Göttingen 1967.

Kartte, W.: Ein neues Leitbild für die Wettbewerbspolitik. (FIW-Schriftenreihe, Heft 49), Köln, Berlin, Bonn, München 1969.

— Wettbewerbspolitik im Spannungsfeld zwischen Bundeswirtschaftsministerium und Bundeskartellamt. In: Gutzler, H. / Herion, W. / Kaiser, J. (Hrsg.), Wettbewerb im Wandel. — E. Günther zum 65. Geburtstag. Baden-Baden 1976, S. 47—56.

— Wettbewerbsregeln und Mittelstandsempfehlungen. In: Schwerpunkte des Kartellrechts 1973/74 (FIW-Schriftenreihe, Heft 71), S. 65—71.

Katona, G.: Das Verhalten der Verbraucher und Unternehmer. Tübingen 1960.

— Über das rationale Verhalten der Verbraucher. In: Kroebel-Riel, W. (Hrsg.), Marketingtheorie, Köln 1972, S. 61—77.

Kellermann, A.: Wettbewerbsbeschränkung durch Wettbewerbsregeln. In: WuW 1965, S. 551—563.

Klein-Blenkers, F. / *Robl*, K.: Die Werbekosten in der Bundesrepublik Deutschland 1972. In: Mitteilungen des Instituts für Handelsforschung an der Univ. zu Köln, 27. Jg., Nr. 5 (Mai 1975), S. 61 ff.

Knöpfle, R.: Der Rechtsbegriff „Wettbewerb" und die Realität des Wirtschaftslebens. (Kartellrundschau, Schriftenreihe für Kartell- und Konzernrecht des In- und Auslands, Heft 7), Köln, Berlin, Bonn, München 1966.

Kommission für wirtschaftlichen und sozialen Wandel: Wirtschaftlicher und sozialer Wandel in der Bundesrepublik Deutschland. Göttingen 1977.

Kroeber-Riel, W.: Konsumentenverhalten. München 1975.

— Werbung als beeinflussende Kommunikation. In: Kroeber-Riel, Werner (Hrsg.), Konsumentenverhalten und Marketing, Opladen 1973, S. 137—162.

Kroitzsch, H.: Wirtschaftspolitische Entscheidungen durch Wettbewerbsregeln oder durch die UWG-Rechtsprechung? In: BB 1977, S. 220—224.

Kunisch, R.: Eintragungsfähigkeit, rechtliche und wirtschaftliche Bedeutung von Wettbewerbsregeln gemäß §§ 28 ff. GWB. Diss. Darmstadt 1968.

Lambin, J. J.: Advertising, Competition and Market Conduct in Oligopoly over Time. Amsterdam, Oxford 1976.

Lange, M. / *Treis*, B.: Konsumentensouveränität und Konsumfreiheit. In: MA 1972, S. 333 ff.

Langen, E.: Kommentar zum Kartellgesetz. 3. Aufl., Neuwied 1958.

Langen, E. / *Niederleithinger*, E. / *Schmidt*, U.: Kommentar zum Kartellgesetz. 5. Aufl., Neuwied und Darmstadt 1977.

Lieberknecht, O.: Regeln zur Förderung des Leistungswettbewerbs im Sinne des § 28 II GWB. In: Festschrift für P. Möhring, München und Berlin 1965, S. 67—85.

Lobe, A.: Der unlautere Wettbewerb. Mannheim 1929.

Loewenheim, U.: Suggestivwerbung, unlauterer Wettbewerb, Wettbewerbsfreiheit und Verbraucherschutz. In: GRUR 1975, S. 99—110.

Lorenz, M.: Lockvogel- und Sonderangebote. In: GRUR 1976, S. 512—517.

Machlup, F.: L'homo oeconomicus et ses collègues. (Originaltitel: Homo Oeconomicus And His Fellow Men). In: Les fondements philosophiques des systèmes économiques. Paris 1967, S. 117—130.

Mann, H. M. / *Henning*, J. A. / *Meehan* Jr., J. W.: Advertising and Concentration: An Empirical Investigation. In: Journal of Industrial Economics 1967/68, Vol. 16., S. 34—45.

Markert, K.: Modernes Kartellgesetz — aber wie? Bemerkungen zum Referentenentwurf des Bundesministeriums für Wirtschaft. In: ZHR 134 (1970), S. 208—239.

Meier, G.: Die Allgemeinverbindlichkeitserklärung von Wettbewerbsregeln — ein Fortschritt? In: ZRP 1977, S. 105—107.

— Verhaltensregeln der Wirtschaft und „Leistungswettbewerb". In: WRP 1978, S. 514—518.

Merkel, R.: Allgemeinverbindlichkeitserklärung von Wettbewerbsregeln der Wirtschaftsverbände? Einwände und Gegenvorschlag. In: BB 1977, S. 473—475.

Meyer, F. W.: Die konzentrationsfördernde Wirkung der klassischen Werbemittel. In: Mittelstand und Wettbewerb (Mittelstandspolitische Schriften, Heft 4, 1956).

Meyer-Cording, U.: Die Grundbegriffe des Wettbewerbsrechts. In: WuW 1962, S. 461—474.

Meyer-Dohm, P.: Sozialökonomische Aspekte der Konsumfreiheit. Freiburg i. Brsg. 1975.

Michaelis, J.: Wechselwirkungen zwischen wirtschaftlicher Konzentration und Konsumgüterwerbung. Diss. Berlin (FU) 1970.

Möschel, W.: Das Wirtschaftsrecht der Banken. Frankfurt a. M. 1972.

— Der Oligopolmißbrauch im Recht der Wettbewerbsbeschränkungen. Tübingen 1974.

Müller, U.: Wettbewerb, Unternehmenskonzentration und Innovation. Göttingen 1975.

Müller-Armack, A.: Wirtschaftslenkung und Marktwirtschaft. Hamburg 1947.

Müller-Henneberg, H. / *Schwartz*, G. (Hrsg.): Gesetz gegen Wettbewerbsbeschränkungen. Kommentar. 1. Aufl., Köln, Berlin 1958.

Müller-Henneberg, H. / *Schwartz*, G. (Hrsg.): Gesetz gegen Wettbewerbsbeschränkungen und Europäisches Kartellrecht. — Gemeinschaftskommentar —. 3. Aufl., Köln, Berlin, Bonn, München 1973.

Müller-Henneberg H.: Verzicht auf Werbung — Gemeinschaftswerbung — Gütezeichengemeinschaft in kartellrechtlicher Sicht. In: WuW 1962, S. 723—739.

Nipperdey, H. C.: Wettbewerb und Existenzvernichtung — Eine Grundfrage des Wettbewerbsrechts. Berlin 1930.

Ohm, H.: Definitionen des Leistungswettbewerbs und ihre Verwendungsfähigkeit für die praktische Wirtschaftspolitik. In: Zur Grundlegung wirtschaftspolitischer Konzeptionen, hrsgg. v. H. J. Seraphim, (Schriften des Vereins für Socialpolitik N. F., Bd. 18), S. 239—260, Berlin 1960.

Organisationen der gewerblichen Wirtschaft: Gemeinsame Erklärung von Organisationen der gewerblichen Wirtschaft vom 7. Okt. 1975. In: MA 1975, S. 464 ff.

Phlips, L.: Markttransparenz in Theorie und Wirklichkeit. In: WuW 1964, S. 205 ff.

Pigou, A. C.: The Economics of Welfare. 4th Edition, London 1948.

Pralle, P.: Die Wertwerbung. Absatzförderung mit Vergünstigungen. (Abhandlungen zur Werbewissenschaft und Werbepraxis, Bd. 8) Stuttgart 1974.

Raffée, H.: Konsumenteninformation und Beschaffungsentscheidung des privaten Haushalts. Stuttgart 1969.

Raiser, L.: Antinomien im Recht der Wettbewerbsbeschränkungen. In: Festschrift für Erich Fechner zum 70. Geburtstag. Tübingen 1973, S. 57—74.

Raiser, L.: Marktbezogene Unlauterkeit. In: GRUR Int. 1973, S. 443—446.

Reimers, H.: Die Frage der Eintragungsfähigkeit wettbewerbsbeschränkender Wettbewerbsregeln in der Verwaltungspraxis des Bundeskartellamts. Diss. Hamburg 1969.

Rinck, G.: Die Markttransparenz. In: BB 1962, S. 105 ff.

Röper, B.: Zur Verwirklichung des Leistungswettbewerbs. In: Zur Grundlegung wirtschaftspolitischer Konzeptionen (Schriften des Vereins für Socialpolitik N. F. Bd. 18), Berlin 1960, S. 261—291.

Röpke, W.: Maß und Mitte. Erlenbach-Zürich 1950.

Rogosky, W. D.: Die lieben Todsünden der Werbung. In: DER SPIEGEL Nr. 44/1975, S. 116 f.

Rost, D.: Grundzüge der Werbung in den 80er Jahren. In: MA 1977, S. 256—262.

Sacherl, K.: Information und Motivation in der Konsumwerbung. In: ZfbF N. F.: Bd. 18 (1966), S. 339 ff.

Sack, R.: Lauterer und leistungsgerechter Wettbewerb durch Wettbewerbsregeln. In: GRUR 1975, S. 297 ff.

— Zur Zulässigkeit von Vorspannangeboten. In: WRP 1975, S. 65—74.

Säcker, F.-J.: Zielkonflikte und Koordinationsprobleme im deutschen und europäischen Kartellrecht. Düsseldorf 1971.

Sandrock, O.: Grundbegriffe des Gesetzes gegen Wettbewerbsbeschränkungen. München 1968.

— Kritische Bemerkungen zum Entwurf für die Zweite Kartellgesetz-Novelle. In: WuW 1969, S. 205.

Schachtschabel, H.-G.: Auslegung wirtschaftlicher Rechtsbegriffe. In: Auslegungsfragen zur Zweiten GWB-Novelle (FIW-Schriftenreihe, Heft 66), Köln, Berlin, Bonn, München 1974, S. 9—21.

Schenk, H. O.: Werbung und Markttransparenz. In: Behrens, K.-Chr. (Hrsg.), Handbuch der Werbung, Wiesbaden 1970, S. 57—68.

Scherhorn, G.: Über die Bedeutung des Verbraucherverhaltens für die Funktionsfähigkeit des Marktes. In: ZVP 1977, S. 20—23.

Schlecht, O.: Sicherung des Leistungswettbewerbs — ständige Aufgabe der Wettbewerbspolitik. In: MA 1976, S. 465 ff.

Schluep, W. R.: Vom lauteren zum freien Wettbewerb. In: GRUR Int. 1973, S. 446—452.

Schmalenbach, E.: Der freien Wirtschaft zum Gedächtnis. 2. Aufl., Köln, Opladen 1949.

Schmiedel, B.: Der „leistungsgerechte Wettbewerb" in der Neufassung des § 28 GWB. In: WuW 1975, S. 743—751.

Schmidt-George, H.: Der Einfluß des Gesetzes gegen Wettbewerbsbeschränkungen auf die Bestimmung der guten Sitten im Wettbewerb. Diss. Frankfurt a. M. 1969.

Schneider, H.: Die „Internationalen Verhaltensregeln für die Werbepraxis". In: WRP 1967, S. 147—149.

Schricker, G. / *Lehmann*, M.: Wettbewerbsrechtliche Probleme der Sortimentserweiterung und Diversifikation im Fachhandel. In: WRP 1977, S. 289 ff.

Seitz, T.: Zur ökonomischen Theorie der Werbung. Tübingen 1971.

Seyffert, R.: Werbelehre. 1. Band, Stuttgart 1966.

Spiegel, B.: Die Aufgaben der Psychologie in der werbewissenschaftlichen Forschung. In: Werbewissenschaftliches Referatenblatt 1965 (Heft 3), S. 34 ff.

— Die Struktur der Meinungsverteilung im sozialen Feld. Bern und Stuttgart 1961.

Stahl, K.: Diskussionsbeitrag auf dem Wettbewerbskongreß München 1977. In: Bayerisches Staatsministerium für Wirtschaft und Verkehr (Hrsg.), Wettbewerbskongreß München 1977, Bericht, Referate und Diskussionsbeiträge. München 1977, S. 305.

Steindorff, E.: Gesetzeszweck und gemeinsamer Zweck des § 1 GWB. In: BB 1977, S. 569—571.

Steuber, K.: Werbung und Wohlstand. Diss. St. Gallen, Winterthur 1958.

Stigler, G. J.: The Economies of Scale. In: The Journal of Law and Economics, Oct. 1958, S. 54 ff.

Stokvis, B. / *Pflanz*, M.: Suggestion. Stuttgart 1961.

Streißler, E.: Die gesamtwirtschaftlichen Funktionen der Werbung. In: ZfNök Bd. 25 (1965), S. 243—277.

Sundhoff, E.: Werbung als Faktor der Konzentration. In: Arndt, Helmut (Hrsg.), Die Konzentration in der Wirtschaft, 3. Bd., Berlin 1960, S. 1581—1602.

Telser, L. G.: Advertising and Competition. In: The Journal of Political Economy, Vol. LXXII (1964), S. 537—562.

— Another Look at Advertising and Concentration. In: Journal of Industrial Economics 1969, No. 18, S. 85—94.

Tuchtfeldt, E.: Wettbewerb und langfristige Wirtschaftspolitik. In: ZfNök, XXVII. Bd. (1967), S. 1—18.

Ulmer, P.: Der Begriff „Leistungswettbewerb" und seine Bedeutung für die Anwendung von GWB- und UWG-Tatbeständen. In: GRUR 1977, S. 565—580.

— Wettbewerbs- und kartellrechtliche Grenzen der Preisunterbietung im Pressewesen. In: AfP 1975, S. 870 ff.

Willeke, F.-U.: Grundsätze wirtschaftspolitischer Konzeptionen. Tübingen 1973.

Wolf, H.: Wettbewerbsregeln — Zweck, Arten und Anwendung. Düsseldorf 1972.

Wolter, H.: Die Möglichkeiten unternehmerischer Kooperation nach der Zweiten Novelle des Gesetzes gegen Wettbewerbsbeschränkungen. Diss. Göttingen 1977.

Würdinger, H.: Freiheit der persönlichen Entfaltung, Kartell- und Wettbewerbsrecht. In: WuW 1953, S. 721—734.

Sachregister

Kolibri 360 GmbH
Ferdinand-Jühlke-Straße 7
99095 Erfurt, Deutschland
produktsicherheit@kolibri360.de

Druck:
CPI Druckdienstleistungen GmbH
im Auftrag der
Kolibri 360 GmbH
Ferdinand-Jühlke-Str. 7
99095 Erfurt